Alles Jeans

80 blaue Nähprojekte

Laura Sinikka Wilhelm

:Haupt
GESTALTEN

Alles Jeans

80 blaue Nähprojekte

Laura Sinikka Wilhelm
Fotos von Marjo Koivumäki

Haupt Verlag

Fotos: Marjo Koivumäki, FIN-Espoo
Zeichnungen und Schnitte: Laura Wilhelm, D-Kernen
Gradierung der Schnitte: Anke Krahn, D-Kernen
Gestaltung und Satz: Daniela Vacas, CH-Bern
Lektorat: Jutta Orth, D-Freiburg

Bibliografische Information der *Deutschen Nationalbibliothek:*
Die Deutsche Nationalbibliothek verzeichnet diese Publikation in der Deutschen Nationalbibliografie;
detaillierte bibliografische Daten sind im Internet über http: //dnb.dnb.de abrufbar.

ISBN: 978-3-258-60136-6

Alle Rechte vorbehalten.
Copyright © 2016 Haupt Bern
Jede Art der Vervielfältigung ohne Genehmigung des Verlages ist unzulässig.
www.haupt.ch

Gedruckt in Deutschland

Wünschen Sie regelmäßig Informationen über unsere neuen Titel zum Gestalten?
Möchten Sie uns zu einem Buch ein Feedback geben? Haben Sie Anregungen für unser Programm?
Dann besuchen Sie uns im Internet auf www.haupt.ch. Dort finden Sie aktuelle Informationen
zu unseren Neuerscheinungen und können unseren Newsletter abonnieren.

INHALTSVERZEICHNIS

9 Einleitung

Guten Morgen

12 Tischsets
13 Serviettenring
13 Teelichthülle
14 Vasenbezug
15 Flaschenhusse

Los geht's

18 Klappentasche (Größe M)
23 Herz-T-Shirt
25 Klappentasche (Größe L)
28 Schlüsselanhänger
29 Stadtbummeltasche

Koffer packen

34 Schuhbeutel
35 Schlüsselband
36 Kulturbeutel
38 Utensilo
39 Tablethülle

Einfach praktisch

42 Gartenschürze
44 Gürteltasche
45 Wäschebeutel
48 Miniorganizer
50 Türstopperhasen

Jeansalarm

54 Tunika
54 Bluse
55 Top
56 Jeansjacke und Jeanshose
56 Jeansbluse
58 Blumensandalen
59 Schmetterlingsrock
60 Kinderjeans
60 Kinder-T-Shirt

Stadtbummel

64 Jeansrock
66 Shopper
68 Klappentasche (Größe S)
70 Kordeltasche
71 Minirock

Kissenparade

74 Zickzackkissen
76 Streifenkissen
77 Jeansbilder
78 Ornamentkissen
81 «Brokatkissen»
82 Rautenkissen
84 Tischläufer
85 Kunstobjekt
86 Sitzhocker
88 Bodenkissen

Heimkommen

- 92 Jungstasche
- 95 Handytäschchen
- 96 Umhängetasche

Petri Heil

- 100 Angelrutenhülle und Angelspulenhülle
- 103 Anglertasche
- 104 Jeanshut
- 106 Jeanstasche
- 108 Badetasche

Männersachen

- 114 Laptoptasche
- 116 Jeanskrawatten
- 121 Jeansschürze
- 124 Gürteltasche

Zusammen kochen

- 129 Batikshirts
- 130 Jeanstischdecke
- 131 Untersetzer

Ausgehen

- 134 Das «kleine Blaue»
- 136 Clutch
- 138 Fliege
- 140 Schmuck
- 141 Haarbrosche
- 142 Armbänder
- 144 Ringe
- 147 Gürtel

Abendstunde

- 150 Wohlfühlhose für Männer
- 153 Wohlfühlhose für Frauen
- 155 Erdbeershirt
- 157 Schlafschafe
- 159 Mopskissen
- 161 Rosenkissen
- 162 Hirschkissen
- 163 Fahrradkissen
- 165 Hosenbeintiere

- 166 Grundlegende Techniken, Fachbegriffe und Tipps
- 171 Jeans
- 173 Dankeschön

EINLEITUNG

Wussten Sie, dass die älteste Jeans der Welt mit ihren fast 140 Jahren noch immer in gutem Zustand und etwa 150 000 Dollar wert ist?
Einst von einem Goldgräber täglich als Arbeitshose benutzt, wird sie heute gehütet wie ein Schatz und nur noch mit Samthandschuhen angefasst …
Die Erfolgsgeschichte des blauen Stoffes, die damals begann, dauert bis zum heutigen Tag an.
Natürlich trage auch ich gerne Jeans. Noch lieber nähe ich damit!
Warum ich es liebe, mit Jeansstoff zu arbeiten? Meiner Ansicht nach ist Jeans der beste Stoff, der je erfunden wurde! Von Arbeitsklamotten bis zu Designstücken – man kann alles aus ihm nähen, und er ist immer topmodern.
Ich liebe Jeansstoff, weil es Jeans in so wunderschönen Blautönen gibt, weil man ihn auch unversäubert verarbeiten kann und sich viele kreative Möglichkeiten bieten, weil die Kanten so schön ausfransen, weil der Stoff superstrapazierfähig und zugleich edel ist, weil er nicht gemustert ist und man so die Oberfläche selber gestalten kann. Und weil ich schon lange die Angst verloren habe, dass er schwer zu verarbeiten ist …
In diesem Buch zeige ich Ihnen 80 blaue Nähprojekte aus alten Jeans und neu gekauften Stoffen und gebe Ihnen Tipps und Anregungen zur Verarbeitung. Bestimmt kommen Sie bald auch auf neue und ganz eigene «jeansige» Ideen …
Ich wünsche Ihnen viel Spaß beim Nähen, Ausprobieren und Weiterentwickeln,

Laura Wilhelm

PS: Gerade als ich den Einleitungstext verfasst und Fakten zur Geschichte der Jeans zusammengetragen hatte, schickte mir meine Mutter eine E-Mail mit einem vergilbten Foto. Datiert mit August 17, 1939, zeigt es eine Reitergruppe im Grand Canyon, Arizona.
Welch eine Überraschung, darauf meinen damals 23-jährigen finnischen Großvater zu entdecken – mit runder Brille, Cowboyhut und … dem damals typischen «Waist Overall» aus Jeans! (Er ist der Zweite von hinten.)

ALLE MASSANGABEN: immer Höhe x Breite

SCHWIERIGKEITSGRADE:

  leicht

  mittel

   mittelschwer

    schwierig

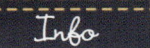

Guten Morgen

Guten Morgen

Mit einem ausgiebigen Frühstück lässt es sich prima in den Tag starten. Schöne Tischsets im Jeanslook sorgen für das richtige Ambiente und gute Laune.

- ★ 2–3 abgelegte Jeanshosen in unterschiedlichen Farbtönen (oder Jeansstoff in unterschiedlichen Farbtönen)
- ★ Altes Tischtuch aus Baumwolle oder Leinen (oder Leinen- oder Baumwollstoff)
- ★ Gekaufte Stoffe bitte vor dem Verarbeiten waschen (siehe «Grundlegende Techniken …»)
- ★ Nähgarn in einer Kontrastfarbe (z. B. in Weiß, wie hier)

TISCHSETS

Hier habe ich die Hosenbeine zweier Jeans zu gestreiften Tischsets umgearbeitet. Die Rückseite besteht aus einem alten, bestickten weißen Leinentischtuch. Die Tischsets können beidseitig verwendet werden.

GRÖSSE
35 x 42 cm

ZUSCHNITT
Vorderseite (37 x 8 cm)	7 x aus Jeansstoff
Rückseite (37 x 44 cm)	1 x aus Baumwolle oder Leinen

NAHTZUGABEN
In den Zuschnitten ist 1 cm Nahtzugabe enthalten.

ANLEITUNG
1. Die Stoffstreifen aus den Hosenbeinen der Jeans zuschneiden (die Seitennähte für die Serviettenringe aufsparen!) und nach Belieben zusammenstellen.
2. Die Streifen an den Längskanten rechts auf rechts legen und mit 1 cm Nahtzugabe zusammensteppen.
3. Die Nahtzugaben auseinanderbügeln und die Nähte von rechts mittig mit einem Zierstich oder Zickzackstich absteppen.
4. Vorderseite und Rückseite der Sets jeweils rechts auf rechts legen, die Kanten heften und ringsum steppen. An einer Seite eine ca. 15 cm große Öffnung zum Wenden lassen.
5. Die Tischsets nach rechts wenden und die Nähte ausbügeln. Die Sets rundum steppfußbreit mit einem Zierstich, Zickzack- oder Geradstich absteppen.

Guten Morgen

SERVIETTENRING

Die passende Ergänzung zu den Tischsets.
Die Seitennähte der Jeans ausschneiden, 2–3-mal um die Serviette schlingen und fixieren – fertig!

TEELICHTHÜLLE

Sie benötigen ein Wasser- oder Marmeladenglas, ein Stück Hosenbund mit Knopfloch, einen Knopf in passender Größe und ein Teelicht.
Messen Sie den Umfang des Glases, und schneiden Sie den Hosenbund auf die passende Länge plus 4 cm zu. Die Schnittkante mit Zickzackstichen versäubern. Das Bundstück um das Glas legen und die Position für den Knopf markieren. Er sollte so angebracht werden, dass die Hülle später fest sitzt. Den Knopf von Hand annähen, die Hülle über das Glas streifen und ein Teelicht ins Glas setzen.

Guten Morgen

VASENBEZUG

Material
- ★ Jeansstoff mit Elasthananteil
- ★ Nähgarn in passendem Farbton
- ★ Zylinderförmige Glasvase oder Dose

ZUSCHNITT
Umfang und Höhe des Gefäßes ausmessen. Ein entsprechendes Rechteck von links auf den Stoff zeichnen und zuschneiden. Mehrere 1 cm breite Bänder über die gesamte Stoffbreite zuschneiden.

NAHTZUGABEN
An den Seitenkanten beim Zuschneiden jeweils 0,5 cm Nahtzugabe zugeben. Wenn Sie einen Stoff verwenden, der sich nicht dehnen lässt, beträgt die Nahtzugabe 1 cm.

ANLEITUNG «SCHNECKE»
1. Einen beliebig großen Kreis in die Mitte des Stoffrechtecks zeichnen (z.B. mithilfe einer Untertasse, eines Tellers oder einer kleinen Schüssel). Ein Band mittig auf die Kreislinie steppen und Schritt für Schritt wieder zur Spirale legen und mittig feststeppen von außen nach innen zur Spirale legen. Bei Bedarf ein zweites Band ansetzen. Arbeiten Sie langsam und genau, damit Sie ein schönes Ergebnis erhalten.
2. Die Seitenkanten der Husse rechts auf rechts legen und 1 cm breit zusammensteppen (damit sie gut sitzt!). Die Husse nach rechts wenden und über die Vase ziehen.

ANLEITUNG «STREIFEN»
1. Die Seitenkanten des Bezugs rechts auf rechts legen und 1cm breit zusammensteppen. Die Husse nach rechts wenden.
2. An der Oberkante beginnend und an der Unterkante endend, ein Band spiralförmig auf den Bezug steppen. Legen Sie diesen dazu um den Freiarm der Nähmaschine, und lassen Sie sich beim Steppen Zeit.

Guten Morgen

A

Material
★ Jeansstoff mit Elasthananteil
★ Nähgarn in passendem Farbton
★ Papier, Maßband, Geodreieck, Bleistift, Papierschere
★ Glasflasche

FLASCHENHUSSE

Eine ganz neue Optik bekommen Flaschen, Dosen oder Gläser, wenn sie, wie hier, in Jeansstoff gekleidet werden! Ich habe neu gekauften Stretch-Jeansstoff verwendet, da er sich den unterschiedlichen Formen perfekt anpasst. Aufgesteppte Stoffstreifen verleihen den Hussen eine tolle dreidimensionale Wirkung. Die Gefäße gehen glatt als Designerobjekte durch!

SCHNITTMUSTER

Legen Sie die Flasche auf das Papier, und zeichnen Sie die Konturen mit einem Bleistift rundum so genau wie möglich nach. Den Umfang des Flaschenbodens und des Flaschenhalses nachmessen, mit der Zeichnung abgleichen und diese gegebenenfalls korrigieren. Am Flaschenhals ca. 1cm in der Länge zugeben. Die Zeichnung mithilfe eines Geodreiecks begradigen (Unterkante, Seitenkanten, Oberkante) und eine senkrechte Mittellinie einzeichnen. Das Papier entlang der Mittellinie falten und das Schnittmuster doppellagig zuschneiden, damit es symmetrisch wird.

ZUSCHNITT

(bei doppelter Stofflage – rechts auf rechts)
Die Konturen des Schnittmusters mit Schneiderkreide oder Markierstift von links auf den Stoff übertragen. An den Seitenkanten 0,5 cm Nahtzugabe anzeichnen (wenn Sie einen Stoff verwenden, der sich nicht dehnen lässt, beträgt die Nahtzugabe 1 cm). Ober- und Unterkante bleiben unversäubert und benötigen daher keine Nahtzugabe. Den Stoff zuschneiden. Ein 1 cm breites Band über die gesamte Stoffbreite zuschneiden.

ANLEITUNG

1. Den Verlauf der Spirale auf dem Vorderteil der Husse markieren (siehe Zeichnung A), das Band auf die passende Länge schneiden, anheften und mit Geradstich mittig aufsteppen.
2. Die Seitenkanten der Husse rechts auf rechts legen und 1 cm breit zusammensteppen (damit sie fest sitzt). Die Husse nach rechts wenden und über die Flasche ziehen.
3. Wenn Sie die Husse waschen, werden die Kanten des Jeansbands weicher und rollen sich etwas ein. Lange Fransen einfach mit einer kleinen Schere abschneiden.

Los geht's

Egal, wohin man startet – ob in die Schule, zur Arbeit, zu Besorgungen oder zu anderen Aktivitäten, eine schöne Tasche kann man immer gebrauchen … Ob groß oder klein, lässig oder fein, entscheiden Sie sich für Ihr Lieblingsmodell, und nähen sie los!

- ★ Fester Jeansstoff: 50 cm
- ★ Vliesofix: 30 cm
- ★ Gepunkteter Jeansstoff: 15 cm
- ★ Vlieseline H250: 20 cm
- ★ Rot-weiß kariertes Schrägband, vorgefalzt: 120 x 1,8 cm (gefalzt 9 mm)
- ★ Bügelmotiv «Edelweiß» (z. B. aus einer Trachtenborte; rückseitig mit Vliesofix beschichtet)
- ★ 1 Strassstein zum Aufbügeln

Material

KLAPPENTASCHE

Die große Schwester der süßen kleinen Klappentasche von Seite 68 kommt im gepflegten Trachtenstil daher. Sie besitzt einen gepunkteten Tragriemen und eine Außentasche auf der Rückseite. Die Kanten sind mit Schrägband eingefasst.

GRÖSSE M

MASSE Höhe: 29 cm, Breite: 25 cm, Tiefe: 7 cm

TIPP

Wenn das Taschenfutter eine andere Farbe haben soll, können Sie dafür die linke Stoffseite der Jeans verwenden oder zweierlei Jeansstoffe kaufen. Statt den Tragriemen selbst zu nähen, können Sie auch gekauftes Gurtband (4 x 170 cm) verwenden.

ZUSCHNITT

Alle Schnittteile bis auf den Tragriemen werden doppelt zugeschnitten (1 x für die Tasche und 1 x für die Futtertasche)

Rückwärtiges Taschenteil inkl. Klappe (Schnittmusterbogen A, S. 20)	2 x aus Jeansstoff
	1 x aus Vliesofix
Vorderes Taschenteil (Zeichnung B)	2 x aus Jeansstoff
	1 x aus Vliesofix
Seitenteil (8 x 60,5 cm)	2 x aus Jeansstoff
	1 x aus Vliesofix
Tragriemen (9 x 140 cm)	1 x aus gepunktetem Stoff
	1 x aus Vlieseinlage
Tragriemen (9 x 34 cm)	1 x aus Jeansstoff
	1 x aus Vlieseinlage
Abgetrennte Gesäßtasche einer alten Jeans (nach Belieben)	
Nähgarn in passender Farbe	

NAHTZUGABEN

Die Nahtzugaben sind in den Zuschnitten enthalten und werden im Text gesondert erwähnt.

Los geht's

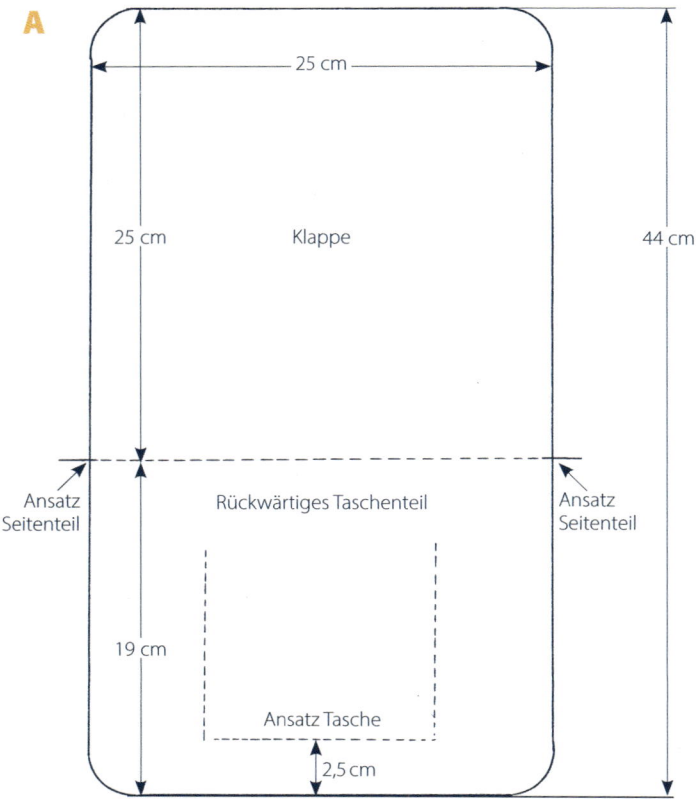

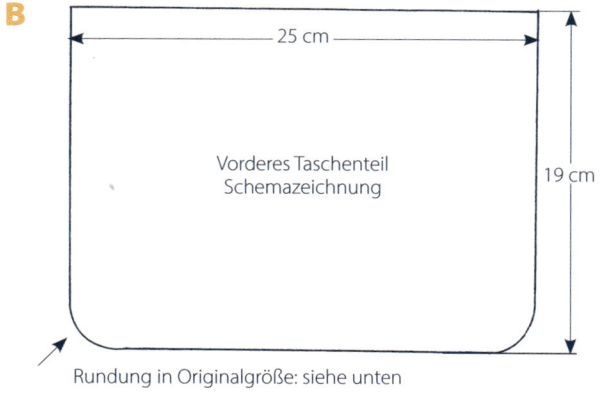

ANLEITUNG

1. Vliesofix von links auf alle Schnittteile für das Taschenfutter aufbügeln (siehe «Grundlegende Techniken …»). Das Trägerpapier abziehen und die Futterteile passgenau auf die linke Seite ihrer Pendants aufbügeln.
2. Wer möchte, kann eine von einer Jeans abgetrennte Gesäßtasche auf die rechte Seite des Taschenrückenteils steppen (Position siehe Zeichnung A).
3. Die Stoffstreifen für den Tragriemen von links mit Bügeleinlage verstärken und an einem Ende mit 1 cm Nahtzugabe rechts auf rechts zusammensteppen. Die Nahtzugaben auseinanderbügeln und auf beiden Seiten steppfußbreit absteppen. Beide Längskanten des Riemens 1 cm nach links umbügeln. Den Riemen der Länge nach in der Mitte falten, sodass die Nahtzugaben innen und die Kanten sauber aufeinanderliegen, nochmals bügeln und wieder auseinanderfalten.
4. Die Enden des Tragriemens mit 1 cm Nahtzugabe rechts auf rechts zusammensteppen, sodass Sie einen Ring erhalten. Die Nahtzugaben auseinanderbügeln und auf beiden Seiten steppfußbreit feststeppen. Den Tragriemen am Bügelfalz wieder zusammenklappen und – bis auf ein 57,5 cm langes Stück – rundum knappkantig absteppen (siehe Zeichnung C).
5. Den nicht abgesteppten Teil des Tragriemens von außen mittig auf das Seitenteil heften und wie in feststeppen (siehe Zeichnung D).
6. Das Seitenteil rechts auf rechts an das Taschenvorderteil heften und mit 0,5 cm Nahtzugabe feststeppen. Das gelingt am besten, wenn das Vorderteil glatt auf dem Nähmaschinentisch liegt und das Seitenteil darübergelegt wird (siehe Zeichnung E). Die Nahtzugaben mit Zickzackstich versäubern.
7. Das Seitenteil rechts auf rechts an das rückwärtige Taschenteil heften und von Ansatzpunkt zu Ansatzpunkt (siehe Zeichnung A) mit 0,5 cm Nahtzugabe feststeppen. Die Nahtzugabe mit Zickzackstich versäubern und Tasche nach rechts wenden.
8. Kanten und Klappe mit Schrägband einfassen. Dazu das Schrägband aufklappen und rechts auf rechts von innen bündig an die Kante heften. Das Ende 1 cm nach links falten und beim Schließen der Runde 1 cm überlappen lassen. Das Schrägband 1 mm neben der unteren Falzkante feststeppen, um die Taschenkante legen und von rechts so festheften, dass die erste Naht verdeckt ist. Das Schrägband knappkantig von rechts mit Geradstich oder – passend zum Trachtenstil – mit Zickzackstich feststeppen.
9. Die Taschenklappe mit einer Herzapplikation verzieren. Vliesofix von links auf einen ca. 12 x 14 cm großen Rest des gepunkteten Stoffs aufbügeln. Das Herz (siehe Zeichnung auf Seite 21) auf den Stoff oder auf das Trägerpapier übertragen und das Motiv ausschneiden. Das Trägerpapier abziehen, das Herz mittig auf die Taschenklappe bügeln und mit kontrastfarbigem Garn mit breitem Zickzackstich absteppen.
10. Das Herz mit einem Motiv und einem Schmuckstein zum Aufbügeln verzieren.

Los geht's

C

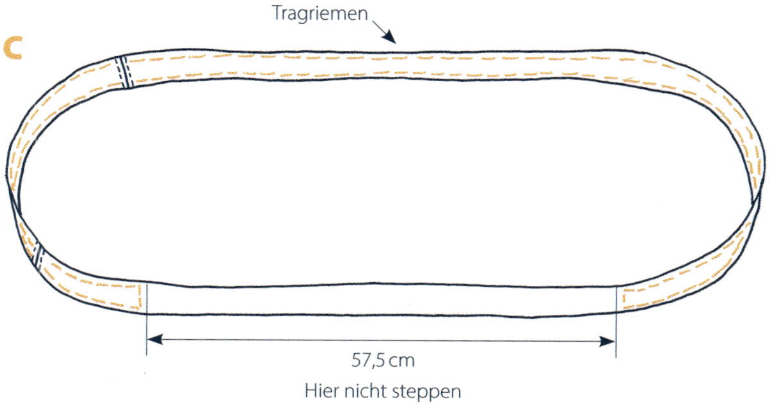
Tragriemen
57,5 cm
Hier nicht steppen

E

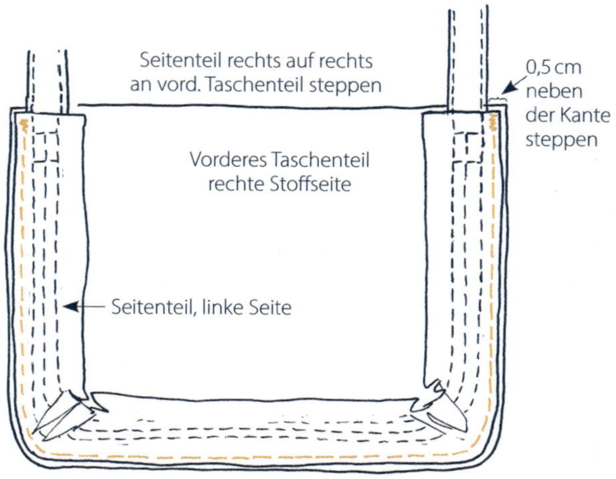
Seitenteil rechts auf rechts
an vord. Taschenteil steppen
0,5 cm
neben
der Kante
steppen
Vorderes Taschenteil
rechte Stoffseite
Seitenteil, linke Seite

D

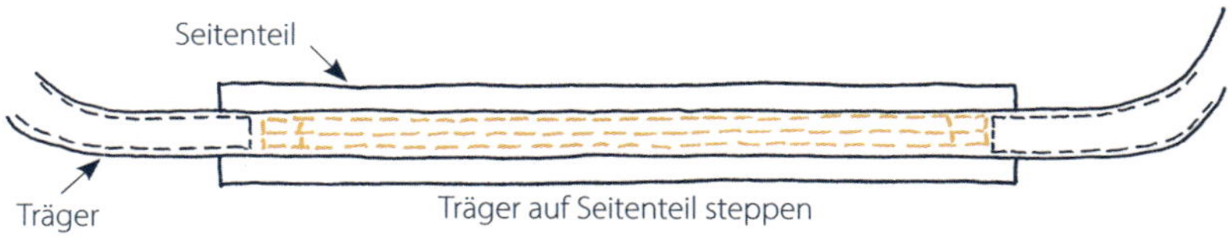
Seitenteil
Träger
Träger auf Seitenteil steppen

100 %

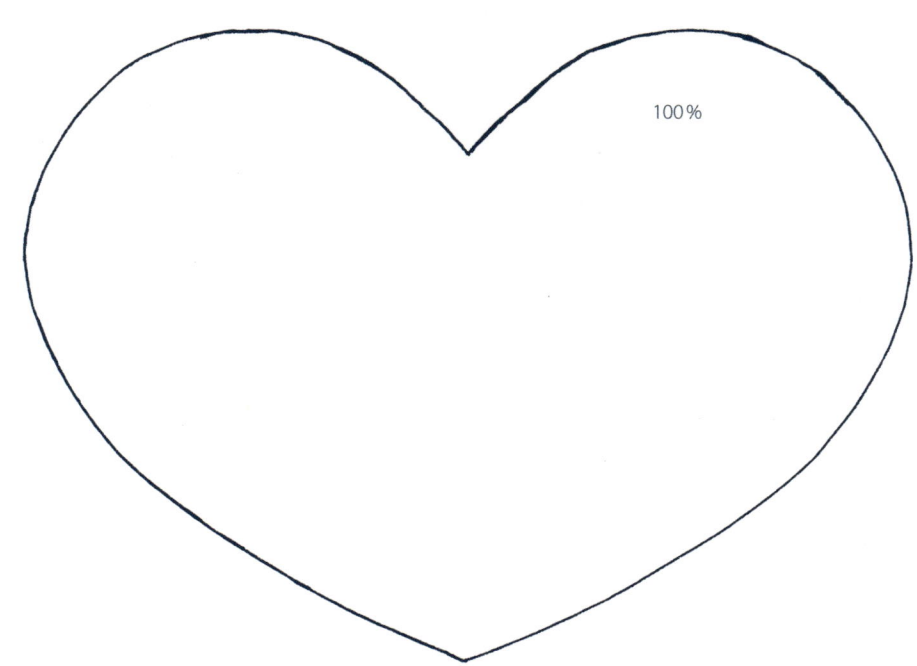

Los geht's

- ★ T-Shirt
- ★ Jeansstoff: 14 x 16 cm
- ★ Karostoff: 6 x 7 cm
- ★ Bügelmotiv «Edelweiß» (z. B. aus einer Trachtenborte)
- ★ Vliesofix
- ★ 6 Strasssteine zum Aufbügeln
- ★ Litzenband: 40 cm
- ★ Jerseynadel für die Nähmaschine! (siehe «Grundlegende Techniken …»)
- ★ Nähgarn in passendem Farbton

HERZ-T-SHIRT

Ein passendes T-Shirt zur Tasche gefällig? Dieses hübsche Herzshirt ist im Nu fertig. Mit einem der Armbänder von Seite 143 kombiniert, ersetzt es die Dirndlbluse beim Oktoberfestbesuch.

ANLEITUNG

1. Auf den Jeansstoff, den Karostoff und das Bügelmotiv von links Vliesofix aufbügeln.
2. Die Jerseynadel in die Nähmaschine einsetzen.
3. Das große Herzmotiv (siehe Zeichnung unten) auf den Jeansstoff oder das Trägerpapier übertragen und das Motiv ausschneiden. Das Trägerpapier abziehen, das Herz mittig auf das T-Shirt bügeln und mit kleinen Zickzackstichen aufsteppen.
4. Das kleine Herzmotiv (siehe Zeichnung unten) auf den Karostoff oder das Trägerpapier übertragen und das Motiv ausschneiden. Das Trägerpapier abziehen, das Herz mittig auf das Jeansherz bügeln und mit Zickzackstichen aufsteppen.
5. Das Bügelmotiv mittig auf das Karoherz bügeln und mit farblich passendem Garn mit Zickzackstichen aufsteppen.
6. Litzenband auf das Jeansherz heften und mit Geradstich mittig aufsteppen.
7. Die Strasssteine auf das Karoherz bügeln.

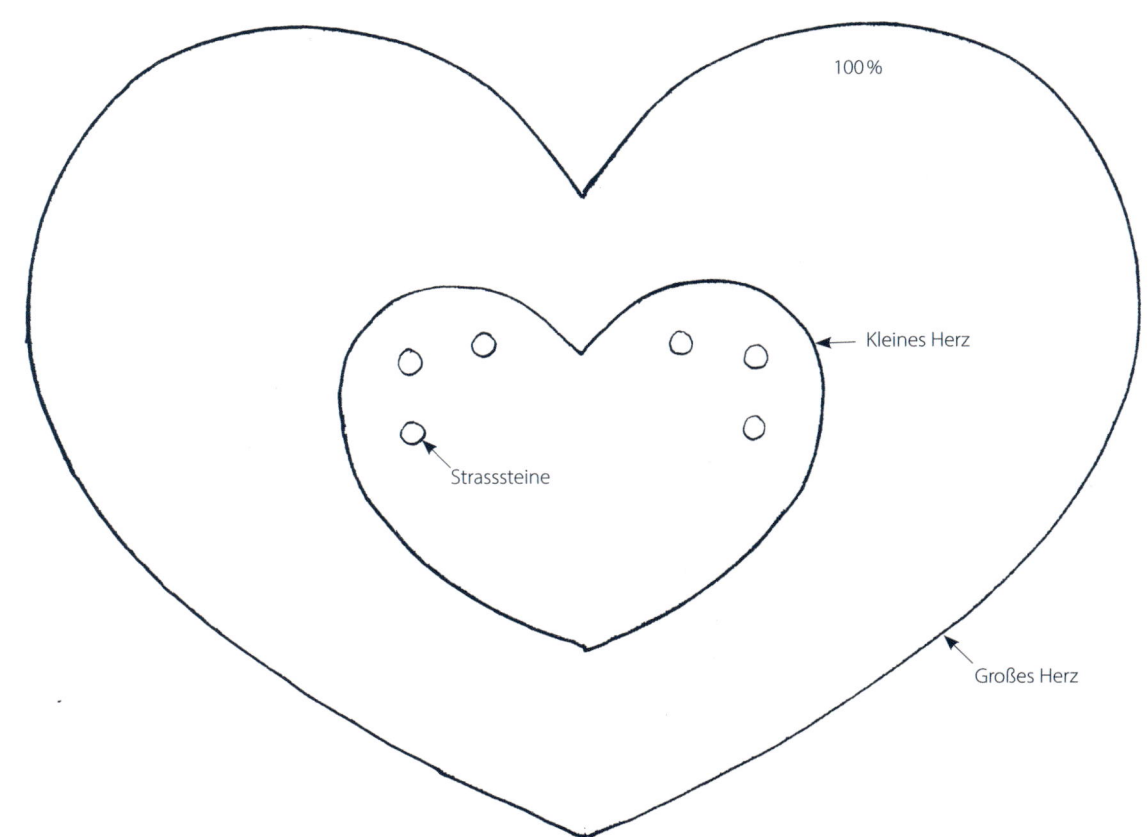

100 %
Kleines Herz
Strasssteine
Großes Herz

Los geht's

- ★ 2 gebrauchte Herrenjeans oder 90 cm fester Jeansstoff
- ★ Gebrauchtes T-Shirt mit Zahlenaufdruck
- ★ Vliesofix: 90 cm
- ★ Tragriemen/Gurtband: 5 x 150 cm (1 Stück 95 cm, 1 Stück 55 cm)
- ★ Leiterschnalle: 5 cm
- ★ 3 Vierkantringe: 5 cm
- ★ Ziergarn (hier in einer zur Applikation passenden Kontrastfarbe)

Material

Los geht's

KLAPPENTASCHE

Darf ich vorstellen – das ist der «große Bruder» der kleinen Klappentasche von Seite 68! Die Tasche besteht aus Teilen einer Herrenjeans, zwei Gürteln vom Flohmarkt und einem T-Shirt meines Sohnes. Die Kanten werden (wie bei der kleinen Umhängetasche) nicht versäubert und fransen daher lässig aus. Dank der eckigen Form wirkt die Tasche schön männlich, was mein Sohn besonders cool findet.

GRÖSSE L
Höhe: 30 cm, Breite: 40 cm, Tiefe: 9 cm

TIPP
Wählen Sie für außen die Jeans mit den schöneren Nähten!
Als Tragriemen habe ich zwei passende Webgürtel vom Flohmarkt verwendet.

ZUSCHNITT
Alle Schnittteile werden doppelt zugeschnitten
(1 x für die Tasche und 1 x für die Futtertasche).

Rückwärtiges Taschenteil inkl. Klappe (Zeichnung A)	2 x aus Stoff, 1 x aus Vliesofix
Vorderes Taschenteil (Zeichnung B)	2 x aus Stoff, 1 x aus Vliesofix
Seitenteil (9 x 98 cm)	2 x aus Stoff, 1 x aus Vliesofix
Bodenband Tragriemen (Stoffstreifen à 5,5 x 110 cm)	2 x aus Stoff, 1 x aus Vliesofix
Gesäßtasche einer alten Jeans (nach Belieben)	

Die Hosenbeine möglichst weit oben gerade abschneiden und entlang der inneren Beinnaht aufschneiden. Die Schnittteile wie angegeben aus den Hosenbeinen zuschneiden (siehe Zeichnung B). Falls gewünscht, eine schöne Gesäßtasche von einer der beiden Hosen abtrennen.

NAHTZUGABEN
In den Zuschnitten sind 0,5 cm Nahtzugabe enthalten. Alle Kanten bleiben unversäubert.

Los geht's

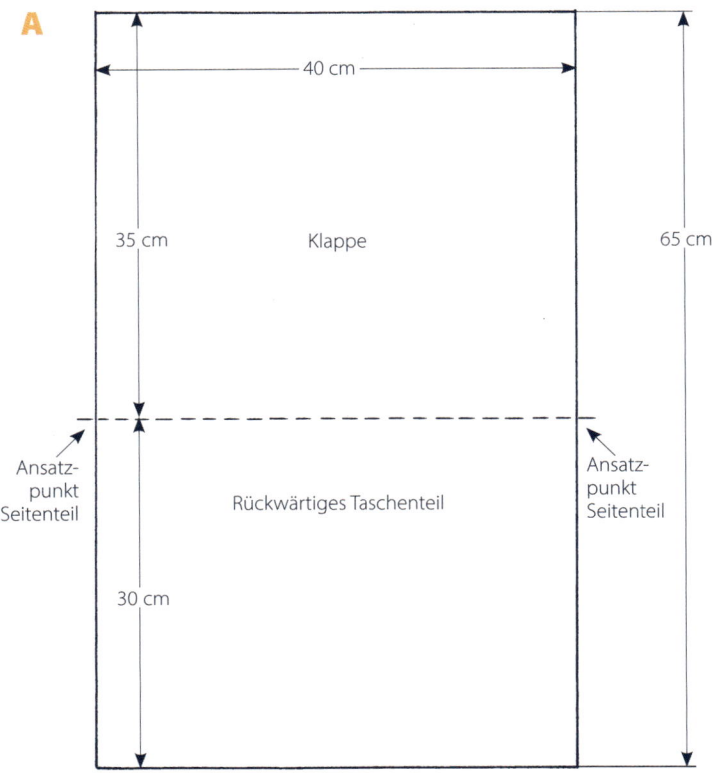
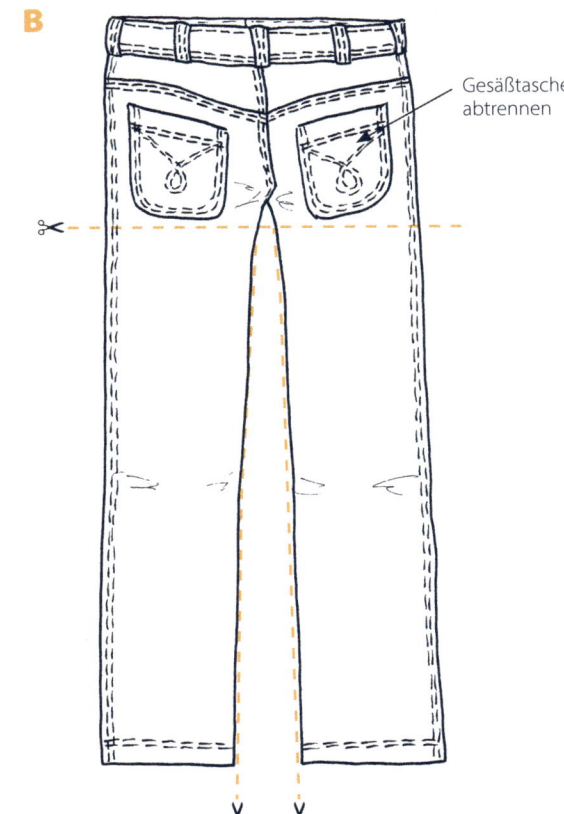
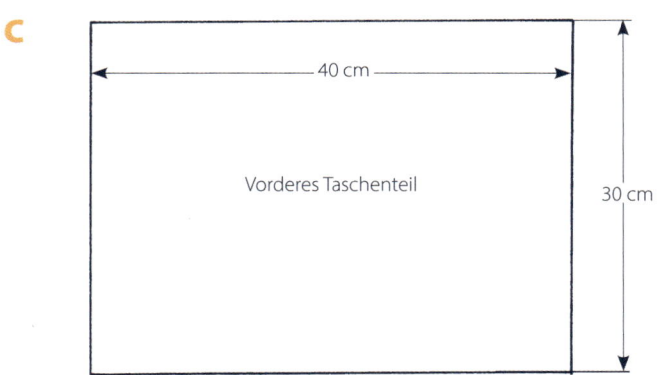
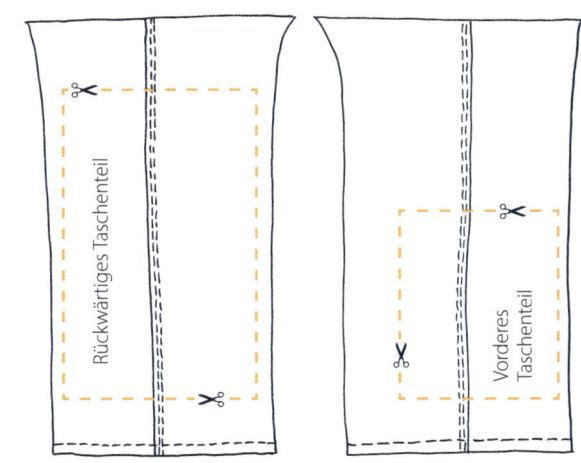

Los geht's

ANLEITUNG

1. Vliesofix von links auf alle Schnittteile für das Taschenfutter aufbügeln (siehe «Grundlegende Techniken …»). Das Trägerpapier abziehen und die Futterteile passgenau auf die linke Seite ihrer Pendants aufbügeln.
2. Die abgetrennte Gesäßtasche auf die Außenseite des vorderen Taschenteils steppen.
3. Die Enden der Seitenteile und die Oberkante des Taschenvorderteils absteppen (siehe Zeichnung E).
4. Das Bodenband an den Enden absteppen (siehe Zeichnung F), 2 Vierkantringe einlegen und die Enden feststeppen (siehe Zeichnung F). Den nicht abgesteppten Teil des Bodenbands von außen mittig auf das Seitenteil heften und aufsteppen (siehe Zeichnung G).
5. Das Seitenteil links auf links an das Taschenvorderteil heften und mit 0,5 cm Nahtzugabe feststeppen. An den Ecken die Nähmaschinennadel im Stoff stecken lassen, den Nähfuß hochhebeln, den Stoff um 90 Grad drehen, den Nähfuß wieder senken und bis zur nächsten Ecke steppen.
6. Das Seitenteil links auf links an das Taschenrückenteil heften und ab dem Ansatzpunkt (siehe Zeichnung A) feststeppen. Im selben Arbeitsgang die komplette Taschenklappe rundum 0,5 cm breit absteppen, bis Sie wieder am Beginn der Naht angekommen sind.
7. Den gesamten Zahlenaufdruck großzügig aus dem T-Shirt ausschneiden, von links Vliesofix aufbügeln und die Zahlen ausschneiden. Das Trägerpapier abziehen, die Zahlen auf die Taschenklappe bügeln und aufsteppen – entweder auf der Kante mit Zickzackstich oder, wie hier, 0,3 cm neben der Kante mit Geradstich, sodass sich die Kante etwas einrollt.
8. Die Taschenriemen an den Vierkantring und die Leiterschnalle steppen (siehe Zeichnung H). Die Enden des verlängerten Riemens durch die Vierkantringe am Seitenteil der Tasche fädeln, mit einer rechteckigen Naht und Diagonalnähten feststeppen.
9. Die Tasche in der Maschine waschen. Nach dem Trocknen alle heraushängenden Fädchen abschneiden.

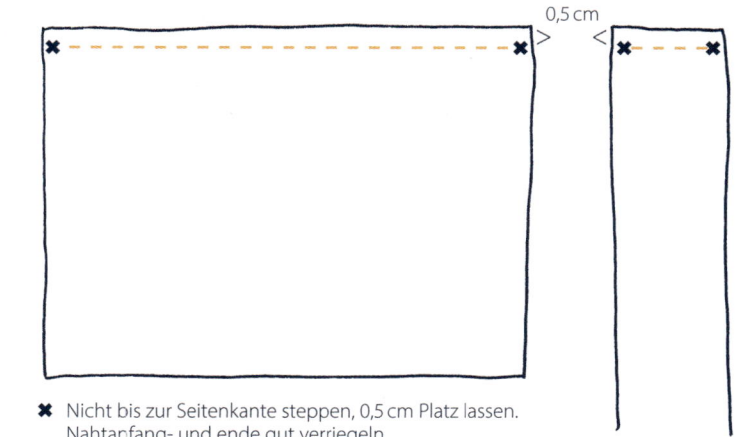

E

✖ Nicht bis zur Seitenkante steppen, 0,5 cm Platz lassen. Nahtanfang- und ende gut verriegeln

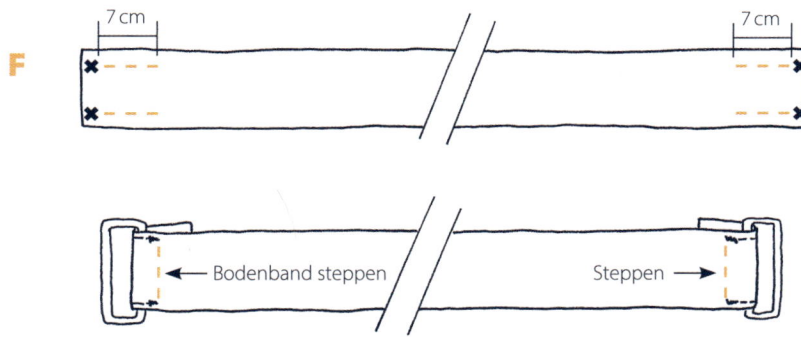

F

✖ Nicht bis zur Seitenkante steppen, 0,5 cm Platz lassen. Nahtanfang- und ende gut verriegeln

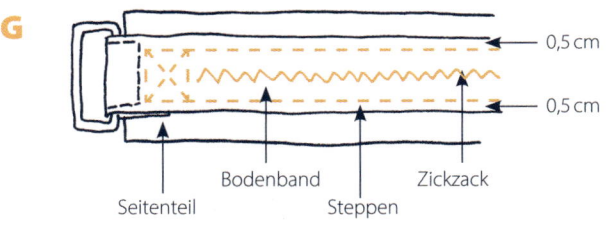

G

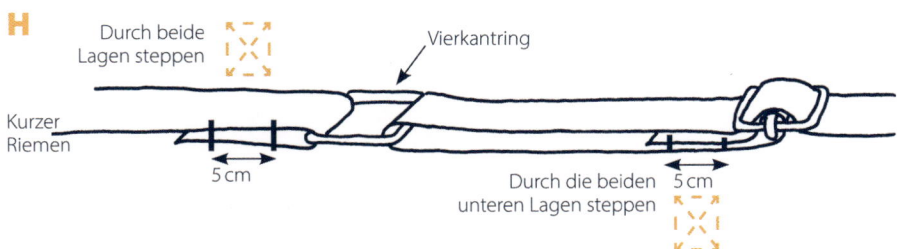

H

Los geht's

SCHLÜSSELANHÄNGER

Hübsche, individuelle Schlüsselanhänger sind im Handumdrehen genäht. Kleben Sie zwei Lagen Jeansstoff mit Holzleim aufeinander, und lassen Sie den Leim gut trocknen. Zeichnen Sie ein Motiv eigener Wahl mit Markierstift / feiner Schneiderkreide auf den Stoff, und steppen Sie die Konturen mehrfach nach. Die Nähte dürfen ruhig ungenau sein. Das Motiv ausschneiden und eine kleine Öse einschlagen oder eine Stoffschlaufe ansteppen.

Los geht's

STADTBUMMELTASCHE

Man nehme zwei alte Jeans, etwas bunten Baumwollstoff und einen langen Reißverschluss, setze sich an die Nähmaschine – und schon bald ist diese außergewöhnliche Tasche fertig. Genau das Richtige für den nächsten Stadtbummel!

GRÖSSE
Höhe: 40 cm, Breite: 50 cm, Tiefe: 9 cm

ZUSCHNITT
Schnittmuster 1 und 2.
Schnitte als Download unter www.haupt.ch/allesjeans/ verfügbar.

Taschenvorder- und -rückenteil (Schnittmusterbogen 1)	2 x aus Hosenbeinen
Taschenboden (Schnittmusterbogen 2)	1 x aus Hosenbein
Stoffkeile (Zeichnung A)	2 x aus Baumwollstoff
Tragriemen	2 abgeschnittene Hosenbünde (oder Gurtband)

Abgetrennte Gesäßtasche einer alten Jeans
Die Hosenbeine möglichst weit oben gerade abschneiden und entlang der einfacheren Naht aufschneiden. Die Schnittteile wie angegeben aus den Hosenbeinen zuschneiden (siehe Zeichnung B). Falls gewünscht, eine schöne Gesäßtasche von einer der beiden Hosen abtrennen.
An beiden Hosen den Bund mitsamt den Gürtelschlaufen abschneiden. Wenn Sie die Beininnennaht für die Tasche erhalten wollen und die Hosenbeine folglich an der Außennaht aufschneiden, kann die Rundung der Naht im Schritt beim Zuschneiden der Schnittteile stören (das Hosenbein liegt nicht glatt). Bügeln Sie den überflüssigen Stoff glatt zu einer Seite, und steppen Sie ihn auf dem Hosenbein fest (siehe Zeichnung C).

NAHTZUGABEN
In den Zuschnitten ist eine Nahtzugabe von 1 cm enthalten.

ANLEITUNG

1. Die abgetrennte Gesäßtasche auf das Taschenvorderteil heften und feststeppen. Die Position können Sie nach Belieben festlegen. Setzen Sie die Tasche aber nicht zu hoch, damit sie sich nicht mit den Tragriemen ins Gehege kommt.
2. Den Reißverschluss einsetzen: Einen Teil des Trägerbands rechts auf rechts an das Taschenvorderteil heften und mit dem Reißverschlussfuß feststeppen (siehe Zeichnung D); anschließend den zweiten Teil des Trägerbands rechts auf rechts an das Taschenrückenteil steppen. Nahtzugaben und Reißverschlusskanten zusammen mit Zickzackstichen versäubern.
3. Die offenen Kanten der Keile mit Zickzackstichen schließen. Die Keile einsetzen (siehe Zeichnung E) und ebenfalls mit dem Reißverschlussfuß innerhalb der Nahtzugaben feststeppen.
4. Den Taschenboden rechts auf rechts an die Tasche heften und feststeppen. Die Nahtzugaben zusammen mit Zickzackstichen versäubern. Die Tasche nach rechts wenden.
5. Die Bundstücke (= Tragriemen) auf die Tasche heften (siehe Zeichnung F) und mit einer rechteckigen Naht aufsteppen. Sollten sie unterschiedlich lang sein, setzen Sie das längere Stück einfach tiefer an.

- ★ 2 alte Herrenjeans oder 45 cm fester Jeansstoff
- ★ Bunter Baumwollstoff: 15 cm
- ★ Reißverschluss: 115 cm
- ★ Evtl. Gurtband: 4 x 180 cm
- ★ Dunkelblaues Nähgarn

1

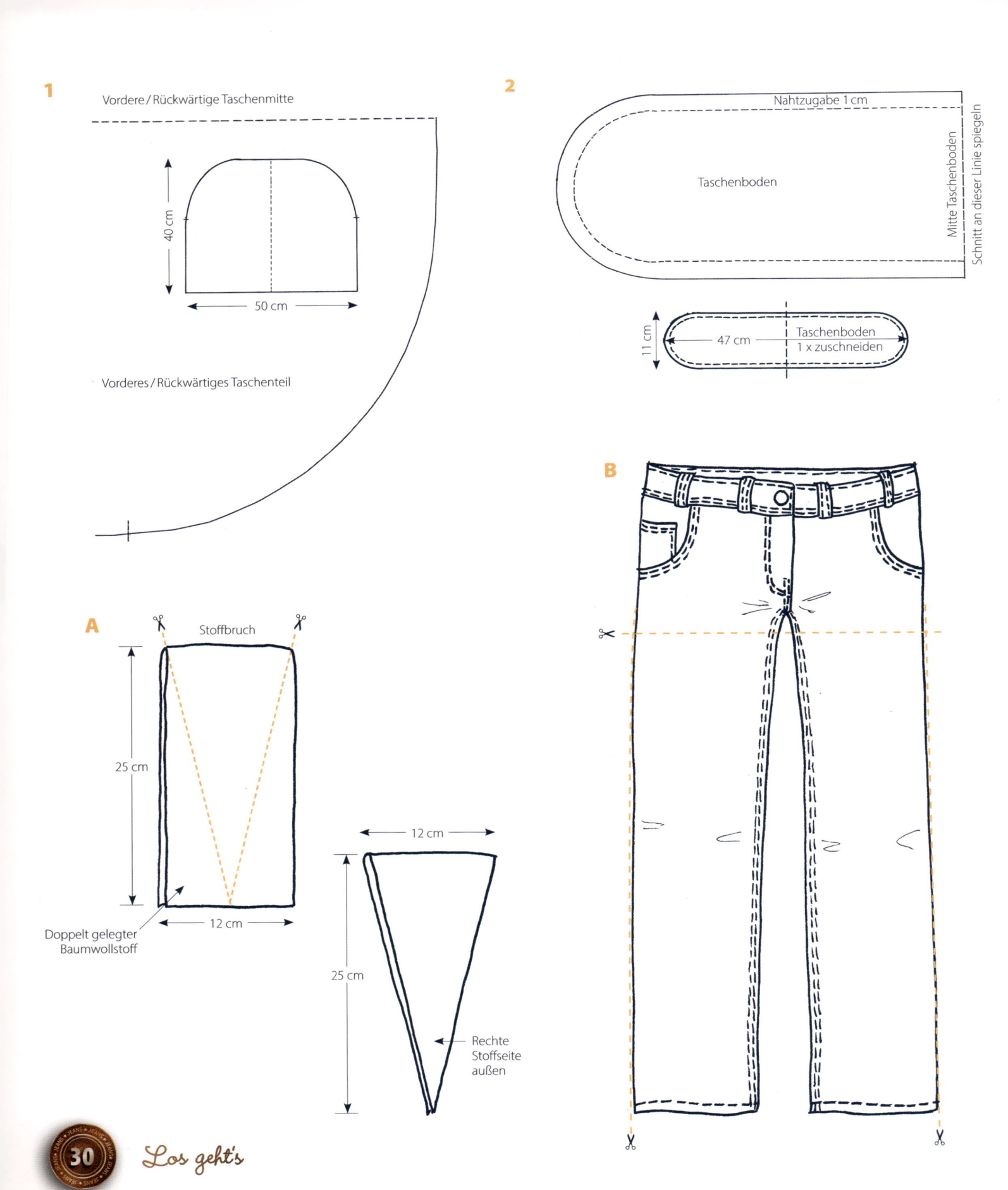

Vordere / Rückwärtige Taschenmitte

40 cm
50 cm

Vorderes / Rückwärtiges Taschenteil

2

Nahtzugabe 1 cm

Taschenboden

Mitte Taschenboden
Schnitt an dieser Linie spiegeln

11 cm — 47 cm — Taschenboden
1 x zuschneiden

A

Stoffbruch

25 cm
12 cm

Doppelt gelegter Baumwollstoff

12 cm
25 cm

Rechte Stoffseite außen

B

Los geht's

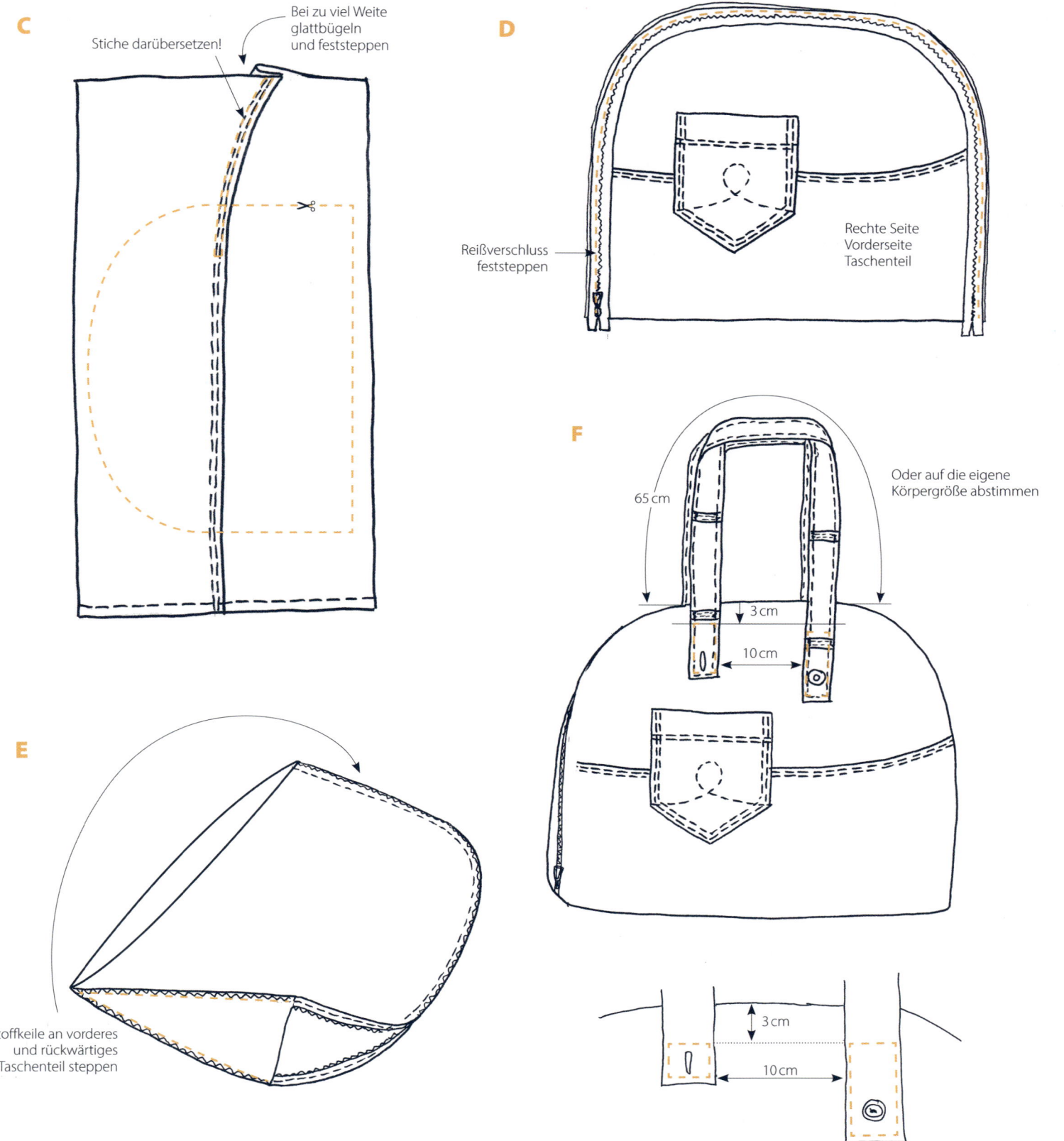

Koffer packen

Koffer packen

Wenn Mann eine Reise tut, dann ganz bestimmt auch gerne in Jeans! In diesem Kapitel finden Sie jeansige Reisebegleiter, die sich auch prima als tolle Geschenkideen für Männer eignen.

SCHUHBEUTEL

Ein schönes und pfiffiges Geschenk für Menschen, die öfter auf Reisen gehen. Meine Lieben verwenden diesen Beutel sehr gerne.

GRÖSSE
Höhe: 50 cm, Breite: 35 cm

ZUSCHNITT
2 Stoffrechtecke   54 x 37 cm

Die Hosenbeine ca. 70 cm oberhalb der Säume abschneiden und entlang der einfacheren Naht aufschneiden, sodass die Kappnaht erhalten bleibt. Zwei Rechtecke wie angegeben zuschneiden (die Säume vorher abschneiden).

NAHTZUGABEN
In den Zuschnitten ist eine Nahtzugabe von 1 cm enthalten.

ANLEITUNG

1. Die beiden Stoffrechtecke rechts auf rechts aufeinanderlegen. Seitennähte und Bodennaht heften, steppen und die Nahtzugaben mit Zickzackstichen versäubern. Die Oberkante ebenfalls mit Zickzackstichen versäubern. Den Beutel nach rechts wenden.
2. Das «Knopflochquadrat» aufsteppen (siehe Zeichnung) und den darunterliegenden Stoff mit einem Nahttrenner oder einer feinen Schere einschneiden.
3. Die Beutelkante 3 cm nach innen umbügeln und festheften. Die Schlaufen an den Seitennähten in den Beutel heften. Den Tunnelzug knappkantig feststeppen; dabei die Schlaufen an der Unterkante mitfassen. Die Oberkante (mitsamt den Schlaufen) knappkantig absteppen.
4. Die Kordel einziehen, beide Enden durch den Kordelstopper fädeln und verknoten.
5. Die Position für die Fußabdrücke festlegen und mit Schneiderkreide markieren. Die Fußsohlen satt mit Stoffmalfarbe einstreichen. Den Beutel auf den Boden legen (Zeitungspapier unterlegen!) und sich vorsichtig daraufstellen (es empfiehlt sich ein Probedruck auf einem Stoffrest). Die Füße gleich mit Wasser und Seife waschen, die Textilfarbe trocknen lassen und durch Bügeln fixieren.

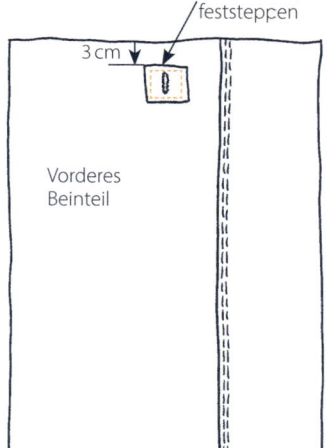

- ★ Abgelegte Jeans (oder fester Jeansstoff)
- ★ Kordel: 100 cm
- ★ Kordelstopper
- ★ Zwei Gürtelschlaufen (von der Jeans abschneiden)
- ★ «Knopfloch» aus dem Jeansbund (quadratisch ausschneiden)
- ★ Ziergarn
- ★ Für den Aufdruck: weiße Textilfarbe (für dunkle Stoffe), Pinsel oder Schwämmchen und ein Paar Füße

Material

Koffer packen

SCHLÜSSELBAND

Ich liebe Projekte, die sich individuell und in Serie anfertigen lassen – z. B. als Geschenkidee für die ganze Familie! Eine super einfache Idee sind diese Schlüsselbänder aus Hosenbundstücken.

ANLEITUNG

1. Die Länge des Schlüsselbands festlegen und ein entsprechendes Bundstück zuschneiden.
2. Die Schnittkante mit Zickzackstich versäubern.
3. Label oder Zierband aufsteppen.
4. Den Schlüsselring in das Knopfloch einziehen.

Material

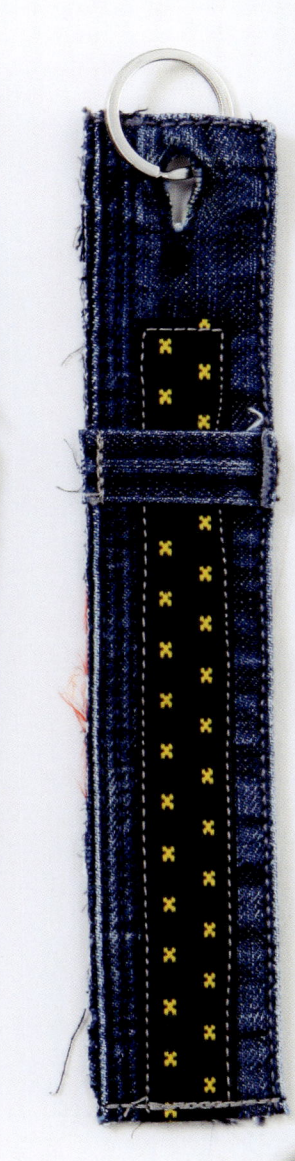

- ★ Bundstück einer Jeans mit Knopfloch (in beliebiger Länge)
- ★ Kleines Label (von der Innenseite des Hosenbunds abgetrennt)
- ★ Zierband
- ★ Schlüsselring

Koffer packen

KULTURBEUTEL

Dieser coole kleine Beutel aus einer ausrangierten Lieblingsjeans reicht für Männer völlig aus. Es passt alles rein, was sie auf Reisen mitnehmen. Der Reißverschluss wird auf recht unkonventionelle Weise eingesetzt – daher ist das Projekt auch für Nähanfängerinnen gut geeignet. Aus dem Rest der Jeans können Sie einen Schuhbeutel und das Utensilo für Aufladegeräte zaubern.

Material

- ★ Gebrauchte Jeanshose oder fester Jeansstoff
- ★ Reißverschluss: 18 cm
- ★ Vliesofix
- ★ Öse mit Scheibe (ø 14 mm; nach Belieben)
- ★ Schlüsselring: ø > 14 mm
- ★ Ziergarn

Koffer packen

GRÖSSE

Höhe: 18 cm, Breite: 24 cm, Tiefe: 4 cm

ZUSCHNITT

Stoffrechteck (30 x 42 cm) (Zeichnung A)	1 x aus *Jeansstoff*
Stoffstreifen zur Verstärkung des Reißverschlusses (3 x 30 cm)	1 x aus *Jeansstoff* 1 x aus *Vliesofix*

Das Rechteck gemäß Zeichnung A aus der Jeans ausschneiden. Achten Sie darauf, dass in der Mitte des Schnittteils keine Naht liegt und evtl. vorhandene Taschen an der richtigen Stelle sitzen. Sie können das Rechteck auch aus dem Hosenbein ausschneiden und abgetrennte Taschen aufsteppen (siehe Zeichnungen B und C) oder aus Einzelteilen zusammensetzen.
Die Teile einfach links auf rechts an den Kanten mit Zickzackstichen aufeinandersteppen. Das spart Zeit und sieht lässig aus.
Für die Schlaufe den Saum eines Hosenbeins abschneiden.

NAHTZUGABEN

Die Nahtzugabe von 1 cm ist im Zuschnitt enthalten.

ANLEITUNG

1. Das Stoffrechteck und den Stoffstreifen ringsum mit Zickzackstichen versäubern.
2. Die Öffnung für den Reißverschluss anzeichnen (siehe Zeichnung C). Vliesofix von links auf den Stoffstreifen aufbügeln, das Trägerpapier abziehen und den Streifen mittig von links unter den eingezeichneten Reißverschluss bügeln.
Die Öffnung für den Reißverschluss ausschneiden. Schnittkanten mit Zickzackstich versäubern.
3. Den Reißverschluss in die Öffnung heften und mit dem Reißverschlussfuß einsteppen (siehe Zeichnung D).
4. Die Öse gemäß Zeichnung C nach Anleitung in das Taschenteil einschlagen oder den Kreis mit dicht gesetzten Zickzackstichen umsteppen und das Innere mit einer kleinen Schere ausschneiden.
5. Den Reißverschluss ein paar Zentimeter öffnen und das Stoffrechteck rechts auf rechts zusammenklappen. Seitennähte und Bodennaht steppen.
6. An allen vier Ecken Eckabnäher steppen. Seiten- und Bodennaht aufeinanderlegen, sodass die Seitennaht in Richtung Eckenspitze verläuft. Die Abnäher 2,5 cm oberhalb der Spitze im rechten Winkel zur Seitennaht einzeichnen (siehe «Grundlegende Techniken …») und steppen. Die Ecken zurückschneiden und mit Zickzackstich versäubern. Den Beutel nach rechts wenden.
7. Die Schlaufe durch die Öse ziehen und den Schlüsselring als Stopper durch die Schlaufe fädeln.

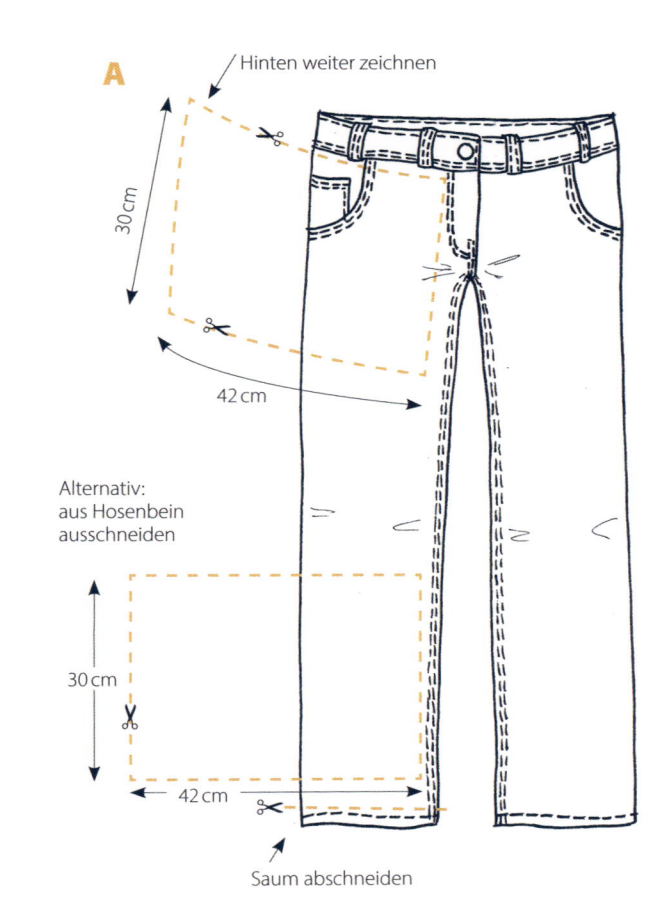

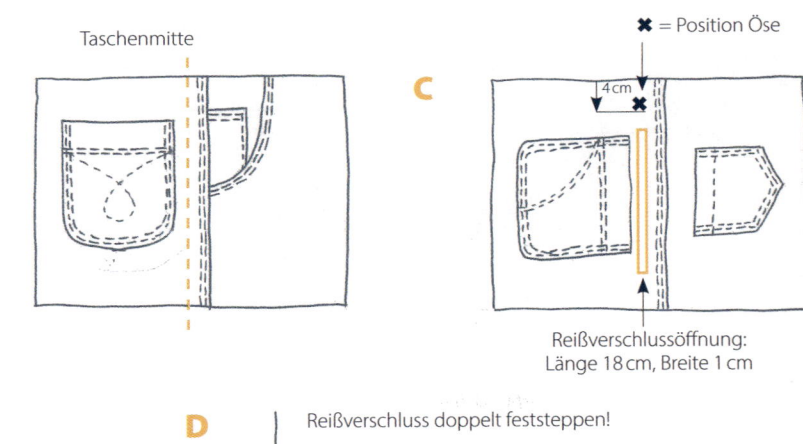

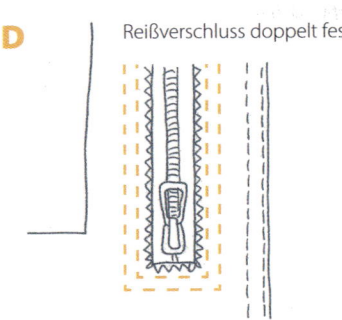

Koffer packen

UTENSILO

Ein Utensilo für Aufladegeräte, Kopfhörer oder anderen Kleinkram ist auf Reisen immer nützlich und passt in jeden Koffer. Ich habe dafür die Gesäßtaschen einer Jeans verwendet. Der Verschluss besteht aus einem Teil des Hosenbunds und dient dank dem praktischen Knopfloch gleichzeitig als Aufhänger.

GRÖSSE
Höhe: 22 cm, Breite: 20 cm

ZUSCHNITT
Rechtecke (24 x 22 cm)	2 x aus Stoff gemäß Zeichnung
Aufhänger mit Knopfloch (9 cm)	1 x aus dem Bund
Quadratisches Stück mit Knopf	1 x aus dem Bund

NAHTZUGABEN
In den Zuschnitten ist eine Nahtzugabe von 1 cm enthalten.

ANLEITUNG

1. Wenn die Unterkante des Hosenbundes zu dick ist, muss sie vor der Weiterverarbeitung aufgetrennt werden, um die eingenähten Stoffschichten zu entfernen (siehe «Grundlegende Techniken …») Die Kanten anschließend wieder zusammensteppen.
2. Die Rechtecke rechts auf rechts legen, heften und ringsum zusammensteppen. In der Mitte der Oberkante (oberhalb der Gesäßtaschen) eine ca. 8 cm große Öffnung zum Wenden lassen. Das Utensilo nach rechts wenden.
3. Das quadratische Stück mit dem Knopf an die Oberkante einer Gesäßtasche steppen.
4. Das Bundteil mit Knopfloch so in die Wendeöffnung heften, dass die Tasche sich gut verschließen lässt.
5. Das Utensilo rundum knappkantig absteppen. Die Wendeöffnung wird dabei geschlossen und das Verschlussteil mitgefasst.
6. Wer möchte, kann noch ein Bügeletikett aufbügeln oder ein abgetrenntes Etikett auf die Tasche steppen.

★ Ausrangierte Jeans
★ Ziergarn
★ Abgetrenntes Jeansetikett oder Label zum Aufbügeln (nach Belieben)

Material

Koffer packen

TABLETHÜLLE

Eine Geschenkidee, die vor allem bei Männern oder Jungs gut ankommt, ist eine maßgeschneiderte Tablethülle mit einem coolen Motiv. Wenn sie gut angepasst wird, benötigt sie nicht einmal einen Verschluss und ist in Windeseile genäht.

GRÖSSE:
muss individuell angepasst werden; hier für einen Tablet-PC mit den Maßen 24 x 19 x 1 cm

SCHNITTMUSTER
Höhe, Breite und Tiefe des Tablet-PCs ausmessen und Größe der Schnittteile nach folgender Beispielrechnung ermitteln:
Maße des Tablet-PCs:
Länge = 24 cm, Breite = 19 cm, Höhe = 1 cm
Höhe des Schnittteils =
24 cm + 3 cm (Weite + Nahtzugabe) + 2 cm Tiefe = 29 cm
Breite des Schnittteils =
19 cm + 1 cm + 1 cm + 3 cm (Weite + Nahtzugabe) = 24 cm

ZUSCHNITT
Tablethülle *4 x aus Stoff (Hülle und Futter)*
2 x aus Volumenvlies (siehe unten)
Die Rechtecke aus dem Volumenvlies 1 cm kleiner als die Jeansrechtecke zuschneiden (hier also 28 x 23 cm).

NAHTZUGABEN
In den Zuschnitten ist eine Nahtzugabe von 0,5 cm enthalten. Die Kanten werden nicht versäubert.

ANLEITUNG
1. Das Volumenvlies von links auf die beiden Rechtecke für die Hülle aufbügeln. Die beiden Futterteile von links passgenau auf die mit Vlies verstärkte Seite der Hülle heften. An beiden Teilen (vorderem und rückwärtigem Hüllenteil) die Oberkanten mit orangefarbenem Nähgarn 0,5 cm breit mit Geradstich zusammensteppen.
Das Retrolabel mittig 2 cm unter die Kante des Hüllenvorderteils heften und feststeppen.
2. Die Applikation aufsteppen: Von links Vliesofix auf den Applikationsstoff bügeln, das Motiv (siehe Zeichnung rechts) mit Markierstift auf den Stoff (oder mit Bleistift spiegelverkehrt auf das Trägerpapier) zeichnen und ausschneiden. Das Trägerpapier abziehen, das Motiv aufbügeln und mit Zickzackstich aufsteppen.
3. Vorderes und rückwärtiges Hüllenteil an den Seiten und am Boden heften und mit grünem Nähgarn mit Zickzackstichen zusammensteppen.

ANMERKUNG
Da die Stoffe unversäubert verarbeitet werden, fransen sie am Rand etwas aus. Das passt gut zum aktuellen Used-Look. Das schönste Ergebnis erhält man, wenn man die Hülle vor Gebrauch wäscht und die heraushängenden Fäden einfach abzieht oder abschneidet.

★ Alte Jeans oder Jeansstoffreste
★ Volumenvlies zum Aufbügeln
★ Stoffrest für Applikation
★ Vliesofix
★ Orangefarbenes und grünes Nähgarn
★ Evtl. Nähgarn in passender Farbe für Applikationsstickerei
★ Kleines Retroetikett zum Aufnähen, evtl. Knopf und kleines Stück Gummiband für einen Verschluss (nach Belieben)

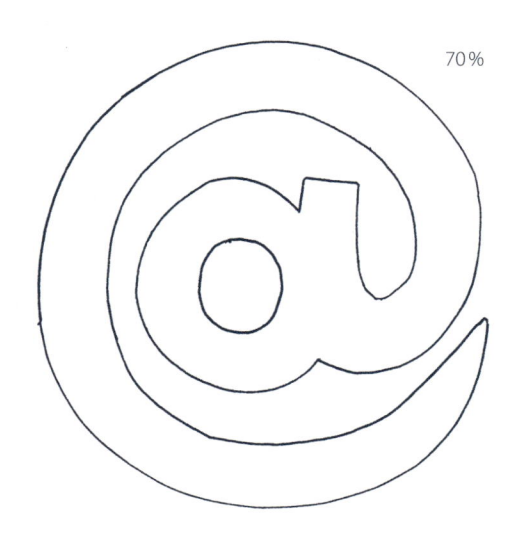

Material

70%

Koffer packen

Einfach praktisch

**Alles Jeans, oder was? Warum auch nicht?
Nützliche Dinge des Haushalts verwendet
man doch viel lieber, wenn sie schön
und selbst gemacht sind ...**

Einfach praktisch 41

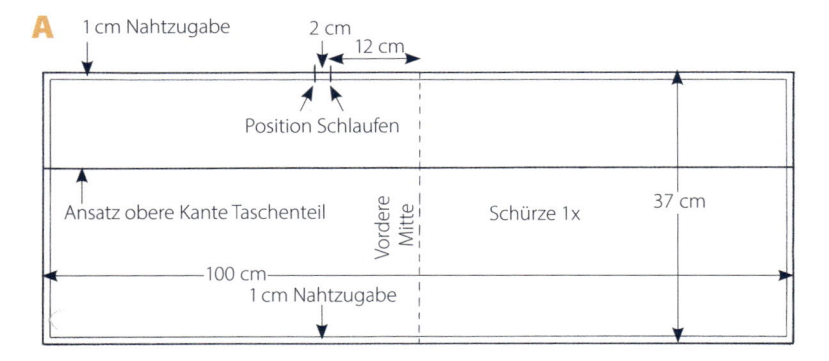

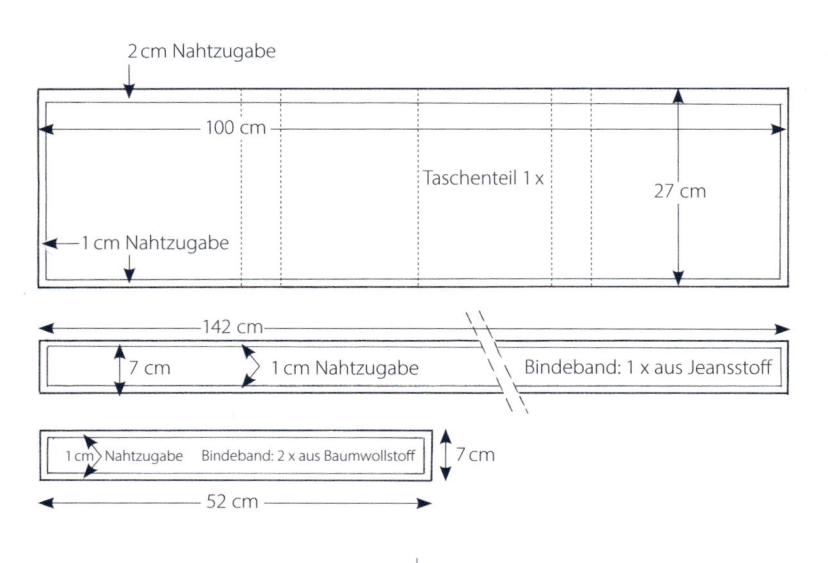

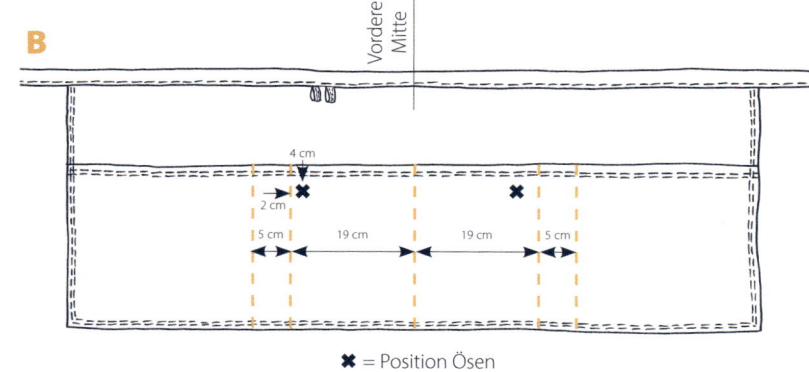

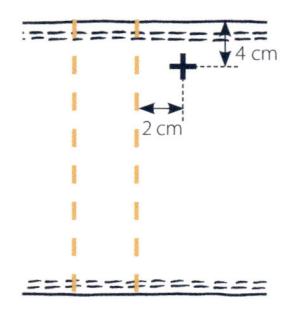

GARTENSCHÜRZE

Jetzt geht es dem Unkraut an den Kragen! Die Schürze hat geräumige Taschen für Gartenschere, Handschuhe und Gartenschnur. Die Schnur können Sie durch eine der zwei Ösen fädeln und den Faden direkt von der Rolle abspulen. Die Karabiner dienen zum Befestigen unentbehrlicher Kleinigkeiten wie z. B. des Schlüssels fürs Gartenhäuschen.

GRÖSSE
35 x 98 cm (Einheitsgröße)

ZUSCHNITT

Schürze (37 x 100 cm)	1 x aus Jeansstoff
Tasche (27 x 100 cm)	1 x aus Jeansstoff
Dreiteiliges Bindeband (142 x 7 cm)	1 x aus Jeansstoff
(52 x 7 cm)	2 x aus buntem Baumwollstoff

TIPP

Sie können den Schürzensaum an den Ecken auch runden. Zum Einzeichnen der Rundung auf dem Schnittmuster ein Glas oder eine Untertasse verwenden.

NAHTZUGABEN
Die Nahtzugaben – 1 cm bzw. 2 cm am oberen Taschenrand – sind in den Zuschnitten enthalten (siehe Zeichnung A).

ANLEITUNG

1. Die Oberkante des Taschenteils mit Zickzackstich versäubern, 2 cm nach links umbügeln, feststeppen und absteppen.
2. Die Ösen nach Anleitung gemäß Zeichnung B einschlagen.
3. Die Position der Teilungsnähte abmessen und mit Lineal und Schneiderkreide auf der rechten Stoffseite des Taschenteils markieren. Das Taschenteil auf die Schürze heften, die Teilungsnähte steppen und an beiden Enden sorgfältig mit Rückstichen sichern.
Die Tasche rundum aufsteppen, Seitenkanten und Saumkante der Schürze mit Zickzackstich versäubern (die obere Schürzenkante bleibt unversäubert). Die versäuberten Kanten 1 cm nach links umbügeln, feststeppen und absteppen.
4. Die drei Teile des Bindebands an den Enden rechts auf rechts legen (der Jeansstoff liegt in der Mitte) und zusammensteppen. Die Nahtzugaben auseinanderbügeln. Alle Kanten (zuerst die Schmalseiten) 1 cm nach links umbügeln, das Band der Länge in der Mitte falzen, bügeln und wieder auseinanderklappen.
5. Die Schrägbänder an den Längskanten knappkantig aufeinandersteppen, zu Schlaufen legen und innerhalb der Nahtzugabe an die obere Schürzenkante steppen.
6. Das Bindeband mittig rechts auf rechts an die obere Schürzenkante heften, aufsteppen, um die Kante schlagen und so anheften, dass die Unterkante die Naht um ca. 1 mm verdeckt. Das Band von rechts knappkantig feststeppen und dabei alle offenen Nahtkanten schließen.

Einfach praktisch

★ **Fester Jeansstoff:** 80 cm
★ **Bunter Baumwollstoff:** 10 cm
★ **2 Ösen mit Scheibe (ø ca. 10–15 mm)**
★ **Vorgefalztes Schrägband:** 2 x 6 cm
★ **2 kleine Karabiner**
★ **Nähgarn in passendem Farbton**

Material

Einfach praktisch

- ★ Alte Jeans mit aufgesetzten Taschen
- ★ Vliesofix
- ★ Zackenschere (falls vorhanden)
- ★ Ziergarn in passendem Farbton
- ★ Label, Aufnäher, Zierknöpfe o.Ä. zum Verzieren

Material

1,5 cm

GÜRTELTASCHE

Die Gürteltasche wird manchen Leserinnen vielleicht bekannt vorkommen. Ich habe sie schon in meinem letzten Nähbuch vorgestellt. Beim Fotoshooting fand ich sie so praktisch, dass ich sie ständig trug. Ob Schere, Stift, Handy oder Schlüssel – alles ist gleich bei der Hand. Da ich unzählige Male auf mein tolles Täschchen angesprochen wurde, möchte ich es Ihnen nicht vorenthalten.

GRÖSSE
Höhe: 22 cm, Breite: 20 cm

ANLEITUNG
1. Eine Hosentasche mitsamt Bund so aus der Jeans herausschneiden, dass um die Tasche ein 1,5 cm breiter Rand stehen bleibt (siehe Zeichnung).
2. Den Rand nach links umbügeln.
3. Aus einem Hosenbein ein passendes Gegenstück für die Rückseite der Gürteltasche zuschneiden: Die Tasche rechts auf rechts auf den Stoff legen, die Konturen anzeichnen und den Stoff mit etwas Spiel zuschneiden. Vliesofix auf die Rückseite aufbügeln und den Stoff mit der Zackenschere (oder einer normalen Schere) passend, d.h. rundum 0,5 cm kleiner als die Tasche, zuschneiden.
4. Das Trägerpapier abziehen, das Stoffteil von links auf die Gürteltasche bügeln und diese von rechts rundum so absteppen, dass das Rückenteil mitgefasst wird.
5. Label, Zierknöpfe oder Aufnäher aufbügeln oder von Hand festnähen.

Einfach praktisch

WÄSCHEBEUTEL

Auf der Suche nach neuen Projekten bin ich immer für Anregungen dankbar. Die Idee für diesen Wäschebeutel stammt von einer guten Freundin, deren Mann viel auf Reisen ist. Der Beutel ist sehr geräumig und kann an einen Kleiderbügel, die Garderobenstange oder an einen Haken gehängt werden. Ein passendes Miniutensilo können Sie gleich mitnähen.

GRÖSSE
Höhe: 54 cm, Breite: 37 cm, Tiefe: 20 cm

★ Leichter Jeansstoff: 90 x 150 cm
★ Dunkelblaues Klettverschlussband: 35 cm
★ Kordel: 150 cm (oder aus Applikationsstoff selber nähen, siehe S. 46)
★ 2 Ösen mit Scheibe (Innendurchmesser: 10 mm)
★ Stoffrest für die Applikation
★ Vliesofix für die Applikation
★ Vlieseinlage zum Aufbügeln (Rest)
★ Weißes Nähgarn
★ Kleiner Wäscheknopf

Material

Einfach praktisch

ZUSCHNITT

Seitenteil (60 x 116 cm)	1 x aus Stoff
Boden (39 x 22 cm)	1 x aus Stoff
Klappe (Aufhängung; 20 x 38 cm)	2 x aus Stoff
Tragriemen (12 x 77 cm)	1 x aus Stoff
Kordel (5 x 152 cm)	1 x aus Stoff
Quadrate (3 x 3 cm)	2 x aus Vlieseinlage

Am Seitenteil alle Markierungen gemäß Zeichnung A sowie die Position der Applikation auf den Stoff übertragen

NAHTZUGABEN

In den Zuschnitten ist eine Nahtzugabe von 1 cm enthalten.

ANLEITUNG

1. Die Stelle, an der die Ösen angebracht werden, von links mittig mit den Quadraten aus Vlieseinlage verstärken. Die Ösen nach Anleitung einschlagen. Das Motiv applizieren: Vliesofix von links auf den Applikationsstoff aufbügeln, das Motiv (Zeichnung D) auf den Stoff (oder spiegelverkehrt auf das Trägerpapier) übertragen und ausschneiden. Das Trägerpapier abziehen, das Motiv auf das Seitenteil bügeln und mit Zickzackstich aufsteppen. Den Wäscheknopf von Hand annähen.

2. Die 60 cm langen Kanten des Seitenteils rechts auf rechts heften und die Seitennaht steppen. Die Nahtzugaben zusammen mit Zickzackstichen versäubern.

3. Den Boden rechts auf rechts an das Seitenteil steppen. Achten Sie darauf, dass die Markierungen passgenau aufeinanderliegen. In den Ecken die Nadel im Stoff stecken lassen, den Nähfuß hochhebeln, das Nähgut um 90 Grad drehen, den Nähfuß wieder senken und bis zur nächsten Ecke steppen. Die kleine Falte, die evtl. am Seitenteil entsteht, hinter die Nadel legen. Die Nahtzugaben zusammen mit Zickzackstichen versäubern.

4. Den oberen Rand der Tasche zunächst 1 cm, dann 5 cm nach innen falten, bügeln und 2,5 cm unterhalb der Kante feststeppen.

5. Die Längskanten des Riemens 1 cm nach links umbügeln. Den Riemen der Länge nach links auf links falten, bügeln und kappkantig zusammensteppen. Die Falzkante absteppen.

6. Die Klappenteile rechts auf rechts legen und rundum zusammensteppen. In der Mitte einer Längsseite eine 10 cm lange Öffnung zum Wenden lassen. Die Nahtzugaben an den Ecken schräg zurückschneiden. Die Klappe nach rechts wenden, die Kanten ausbügeln und knappkantig absteppen. Hierbei wird auch die Wendeöffnung geschlossen.
Die Klappe an beiden Enden und an einer Längskante nochmals steppfußbreit absteppen.

7. Das Hakenband mittig an die doppelt gesteppte Kante der Klappenunterseite heften und rundum feststeppen.
Das Flauschband mittig an die Innenkante des Beutels heften und rundum feststeppen (siehe Zeichnung B).

8. Die Träger und die Klappe gemäß Zeichnung C übereinander an den Beutel heften und feststeppen.

9. Zuerst die Enden, dann die Längskanten des Stoffstreifens für die Kordel 1 cm nach links umbügeln und den Streifen der Länge nach in der Mitte falzen. Die Kanten knappkantig zusammensteppen und die Kordel in den Tunnel einziehen.

Einfach praktisch

A

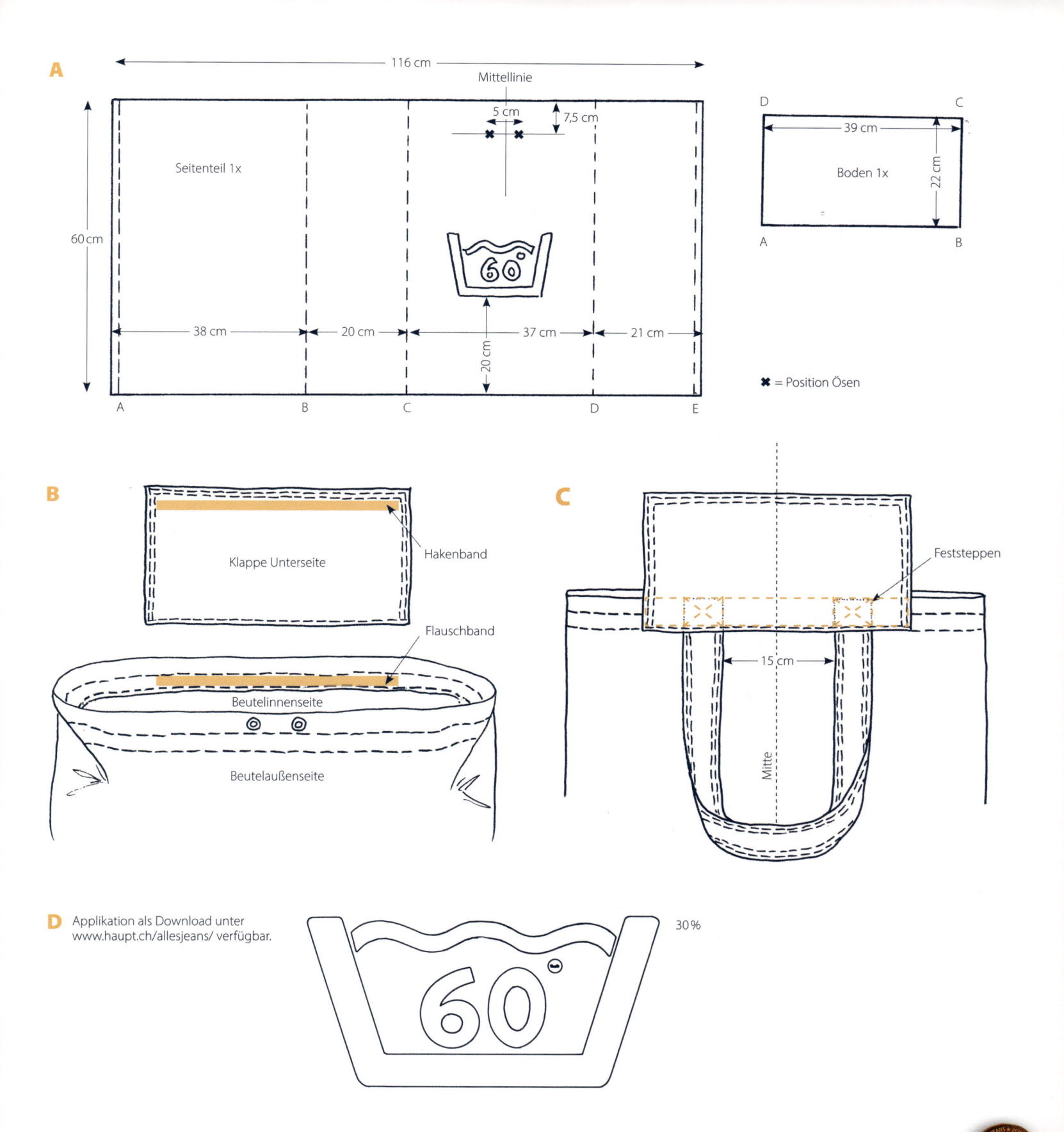

116 cm — Mittellinie
5 cm | 7,5 cm
Seitenteil 1x
60 cm
38 cm | 20 cm | 37 cm | 21 cm
20 cm
A   B   C   D   E

39 cm
Boden 1x
22 cm
A   B   D   C

✖ = Position Ösen

B

Klappe Unterseite — Hakenband

Flauschband
Beutelinnenseite
Beutelaußenseite

C

Feststeppen
15 cm
Mitte

D Applikation als Download unter www.haupt.ch/allesjeans/ verfügbar.

30 %

Einfach praktisch

MINIORGANIZER

Der kleine Begleiter des Wäschebeutels kann entweder an einer Türklinke oder an einem Haken aufgehängt werden und bietet Platz für Kleinkram und Wertgegenstände, die schnell zur Hand sein sollen.

GRÖSSE
Höhe: 42 cm, Breite: 10 cm

TIPP
Sie können Schrägband auch selbst herstellen. Im Fachhandel sind Schrägbandformer in vielen Größen erhältlich. Eine praktische Möglichkeit, wenn Sie farblich passendes oder gemustertes Schrägband benötigen.

ZUSCHNITT

Grundfläche (Schnittmusterbogen 1)	2 x aus Stoff, 2 x aus Vlieseinlage (ohne Nahtzugabe an der runden Öffnung)
Taschen (11 x 12 cm)	1 x aus Stoff
(12 x 12 cm)	2 x aus Stoff
Weißes Schrägband	4 x 12 cm

NAHTZUGABEN
Siehe Schnittmusterbogen 1.

ANLEITUNG

1. Die Grundflächen von links mit Vlieseinlage verstärken.
2. Die Grundflächen rechts auf rechts legen, an der kreisrunden Öffnung heften und aufeinandersteppen. Die Nahtzugabe rundum in kleinen Abständen (2–5 mm) einschneiden. Die Grundflächen durch das Loch nach rechts wenden und bügeln. Die Lochkante knappkantig von rechts absteppen.
3. Die Oberkanten der Taschenteile mit weißem Schrägband einfassen. Das Schrägband aufklappen, mit der rechten Seite an die Kante der Tascheninnerseite heften und 1 mm rechts vom Falz feststeppen. Das Band um die Kante legen und so festheften, dass die erste Naht verdeckt ist. Das Schrägband von rechts knappkantig mit Geradstich feststeppen.
4. Bei den beiden 12 cm hohen Taschenteilen jeweils die untere Stoffkante 1 cm nach links umbügeln. Die Seitenkanten aller Taschenteile 2,5 cm nach links umbügeln.
5. Zuerst das 11 cm hohe Taschenteil gemäß Zeichnung A unten auf die Grundfläche heften (die Unterkanten sind bündig), dann die beiden anderen Taschenteile direkt oberhalb davon anheften. Die Taschen an den Seitenkanten 0,2 cm breit feststeppen. Die Grundflächen entlang der oberen Rundung an den Außenkanten ebenfalls knappkantig aufeinandersteppen.
6. Die Taschen an den Unterkanten mithilfe der Bügelfalten gemäß Zeichnung B falten, heften und knappkantig feststeppen.
7. Den unteren Rand des Organizers mit weißem Schrägband einfassen.
8. Den Rest mit blauem Schrägband einfassen. Das Schrägband rechts auf rechts an die rückwärtige Kante des Organizers heften, am Anfang und Ende je 1 cm überstehen lassen. Enden einschlagen, Band um die Kante legen und von rechts im Nahtschatten steppen. Die Mehrweite der Taschen beim Steppen zur Seite ziehen, um sie nicht versehentlich mitzufassen.

Einfach praktisch

1 Schnitt als Download unter www.haupt.ch/allesjeans/ verfügbar.

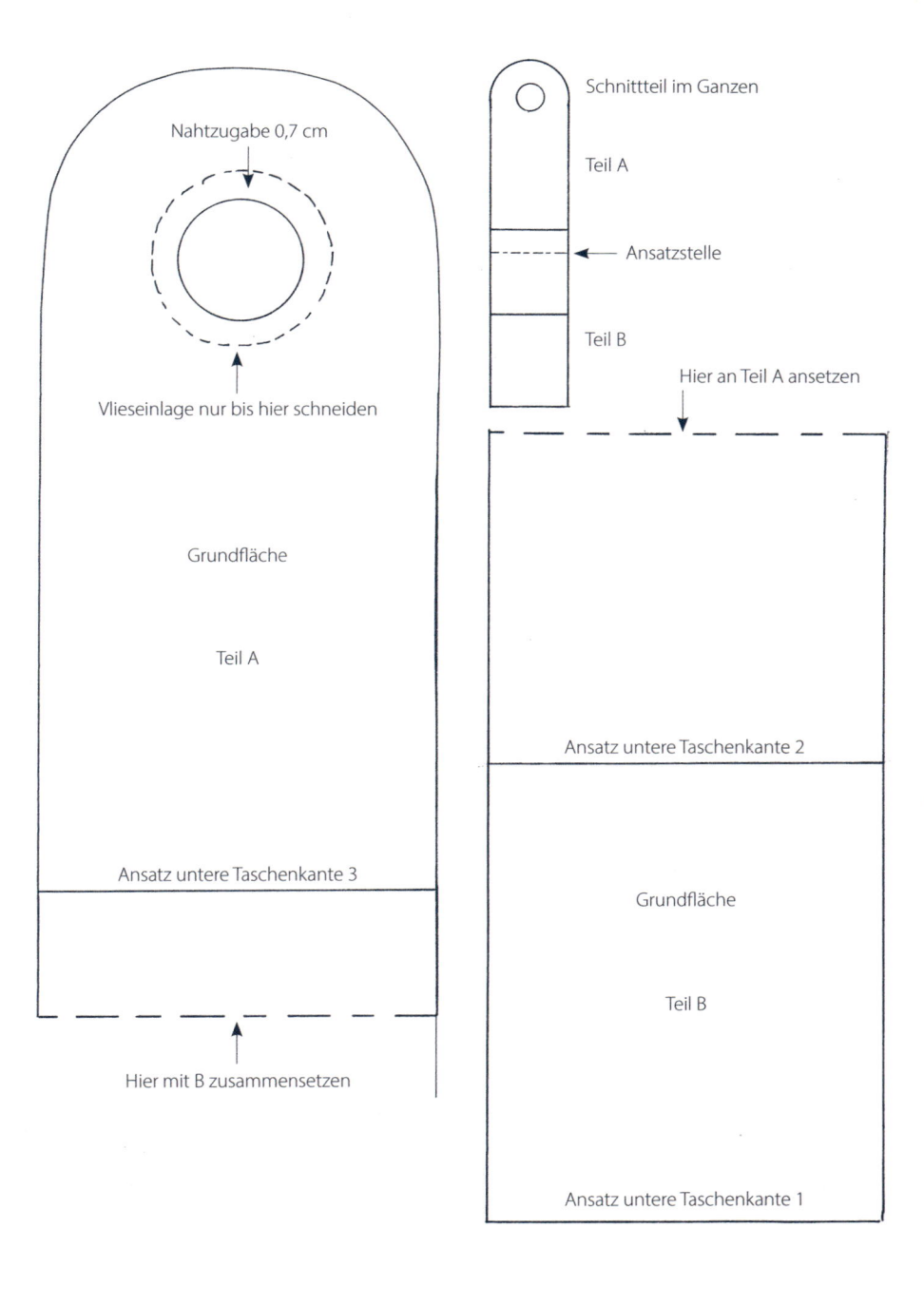

★ **Leichter Jeansstoff (150 cm breit): 10 cm oder Stoffrest vom Wäschebeutel**
★ **Sehr feste Vlieseinlage: 10 cm**
★ **Vorgefalztes dunkelblaues Schrägband (9 mm breit): 90 cm**
★ **Vorgefalztes weißes Schrägband (9 mm breit): 50 cm**
★ **Dunkelblaues und weißes Nähgarn**
★ **3 kleine Wäscheknöpfe**

Material

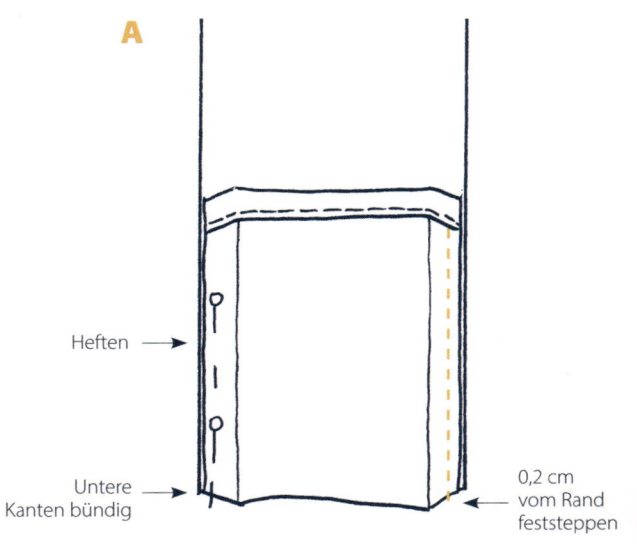

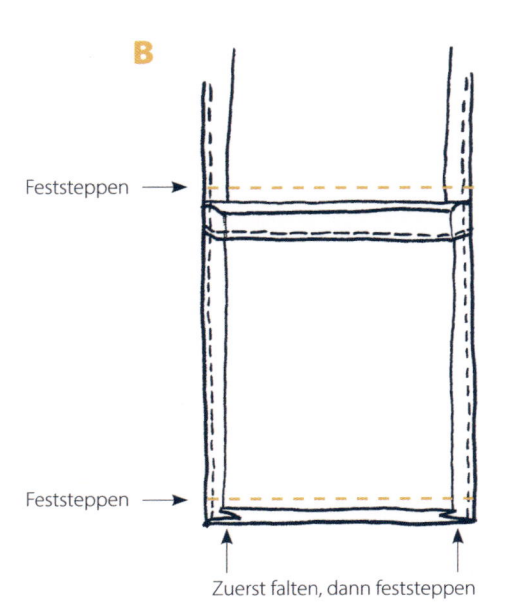

Nahtzugabe 0,7 cm

Vlieseinlage nur bis hier schneiden

Grundfläche

Teil A

Ansatz untere Taschenkante 3

Hier mit B zusammensetzen

Schnittteil im Ganzen

Teil A

Ansatzstelle

Teil B

Hier an Teil A ansetzen

Ansatz untere Taschenkante 2

Grundfläche

Teil B

Ansatz untere Taschenkante 1

A

Heften

Untere Kanten bündig

0,2 cm vom Rand feststeppen

B

Feststeppen

Feststeppen

Zuerst falten, dann feststeppen

Einfach praktisch 49

Material

★ Jeans- oder Baumwollstoff: 40 x 25 cm oder Jeanshosenbein
★ Stoffreste für Ohren und Bauch
★ Vliesofix
★ Rosafarbenes Perl- oder Stickgarn für die Schnauze
★ Zwei Knöpfe für die Augen
★ Füllwatte
★ Kirschkernkissen: ca. 15 x 10 cm (kinderleicht zu nähen; als Füllung eignen sich auch kleine Kieselsteine)
★ Nähgarn in passendem Farbton

Schnitt als Download unter www.haupt.ch/allesjeans/ verfügbar.

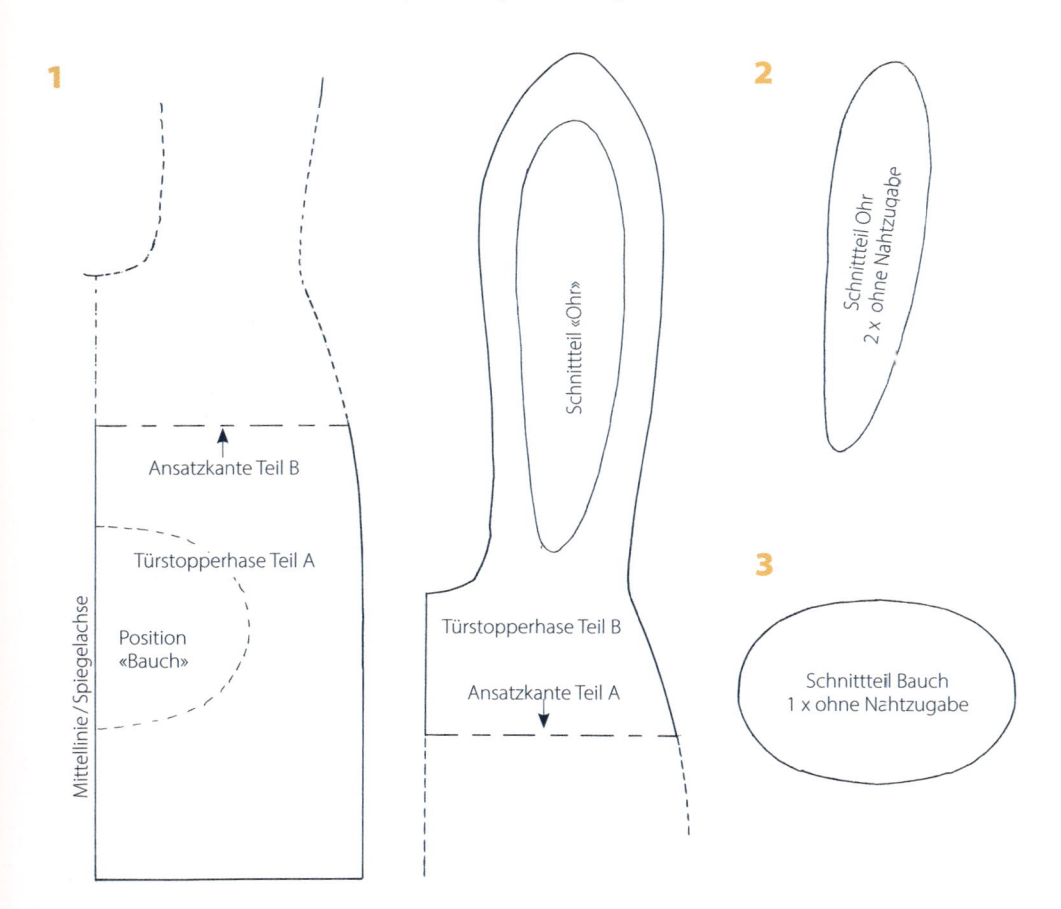

1 Schnittteil: Ansatzkante Teil B, Türstopperhase Teil A, Position «Bauch», Mittellinie/Spiegelachse

2 Schnittteil «Ohr» — 2 x ohne Nahtzugabe
Türstopperhase Teil B
Ansatzkante Teil A

3 Schnittteil Bauch — 1 x ohne Nahtzugabe

TÜRSTOPPERHASEN

Diese lustigen Hasen sind nicht nur dekorativ, sondern auch praktisch: Sie verhindern das Zuschlagen von Türen. Sie können sie einfach an den langen Ohren packen und hinsetzen, wo sie gebraucht werden. Eine nette Geschenkidee – nicht nur zu Ostern!

GRÖSSE
Höhe: 20 cm, Breite: 11 cm, Tiefe: 5 cm

NAHTZUGABEN
Bei den Schnittteilen für den Hasen muss eine Nahtzugabe von 1 cm hinzugefügt werden.

ANLEITUNG

1. Auf die Stoffreste für Ohren und Bauch von links Vliesofix aufbügeln.
2. Den Stoff doppelt rechts auf rechts legen. Den «Hasen» (Schnittmusterbogen 1) auf den Stoff übertragen und mit 1 cm Nahtzugabe zuschneiden.
3. Das «Ohr» (Schnittmusterbogen 2) 2 x spiegelverkehrt und ohne Nahtzugabe auf den Stoffrest übertragen, ausschneiden, aufbügeln und mit Zickzackstich absteppen.
4. Den «Bauch» (Schnittmusterbogen 3) ohne Nahtzugabe auf den Stoffrest übertragen, ausschneiden, aufbügeln und mit Zickzackstich aufsteppen.
5. Die Schnittteile für den Hasen rechts auf rechts zusammensteppen. An der im Schnitt eingezeichneten Stelle eine Öffnung zum Wenden lassen. Hierbei beide Nahtenden mit ein paar Rückstichen sichern.
6. Die Nahtzugaben an allen Rundungen etwas zurückschneiden und vorsichtig einschneiden.
7. Die Eckabnäher für die Standfläche nähen: Seiten- und Bodennaht aufeinanderlegen, sodass die Seitennaht in Richtung Eckenspitze verläuft. Die Abnäher 3 cm oberhalb der Spitze im rechten Winkel zur Seitennaht einzeichnen und steppen. Die Ecken zurückschneiden.
8. Den Hasen nach rechts wenden, Ohren und Rundungen schön ausformen, z. B. mit einem Stift oder einer Stricknadel.
9. Das Kirschkernkissen auf die Standfläche des Hasen legen, die Ohren und den restlichen Körper mit Füllwatte ausstopfen.
10. Die Wendeöffnung von Hand zunähen.
11. Die Schnauze aufsticken und zwei Knöpfe als Augen annähen.

Einfach praktisch

Einfach praktisch 51

Jeansalarm

Jeansalarm

**Jeder kennt das: Die Lieblingsklamotten passen noch,
sind aber irgendwie langweilig geworden.
Kein Grund, sie auszusortieren – mit ein paar einfachen,
aber sehr wirkungsvollen Tricks lassen sie sich aufmöbeln,
und schon liegen Sie mit Ihrer Garderobe wieder voll im Trend.**

50 %

BLUSE

Ein Vogel aus bedrucktem Jeansstoff verleiht der weißen Rüschenbluse neuen Schwung. Dazu kommt ein jeansblaues Bindeband, welches das ursprüngliche weiße Band ersetzt. Ich bin schon mehrfach gefragt worden, wo ich das schöne Stück gekauft habe.

ANLEITUNG VOGELAPPLIKATION

Sie benötigen Vliesofix, dünnen Stoff für die Applikation, einen Strassstein zum Aufbügeln für das Auge und farblich passendes Nähgarn.
Vliesofix von links auf den Stoff aufbügeln. Das Vogelmotiv (siehe Zeichnung) mit Markierstift auf den Stoff oder spiegelverkehrt auf das Vliesofixpapier übertragen und ausschneiden. Das Trägerpapier abziehen, das Motiv auf die Bluse bügeln und mit schmalen Zickzackstichen absteppen. Den Strassstein als Auge aufbügeln.

BINDEBAND NÄHEN

Messen Sie die Breite und die Länge des ursprünglichen Bandes, und rechnen Sie auf jeder Seite eine passende Nahtzugabe dazu. Deren Breite richtet sich nach der Breite des Bandes (bei einem 0,5 cm breiten Band beträgt sie maximal 0,4 cm, bei einem 1 cm breiten Band 0,7 cm und bei breiteren Bändern 1 cm). Zuerst die Enden und dann die Längskanten in der Breite der Nahtzugabe nach links umbügeln. Das Band der Länge nach falzen, bügeln und die Kanten knappkantig zusammensteppen.

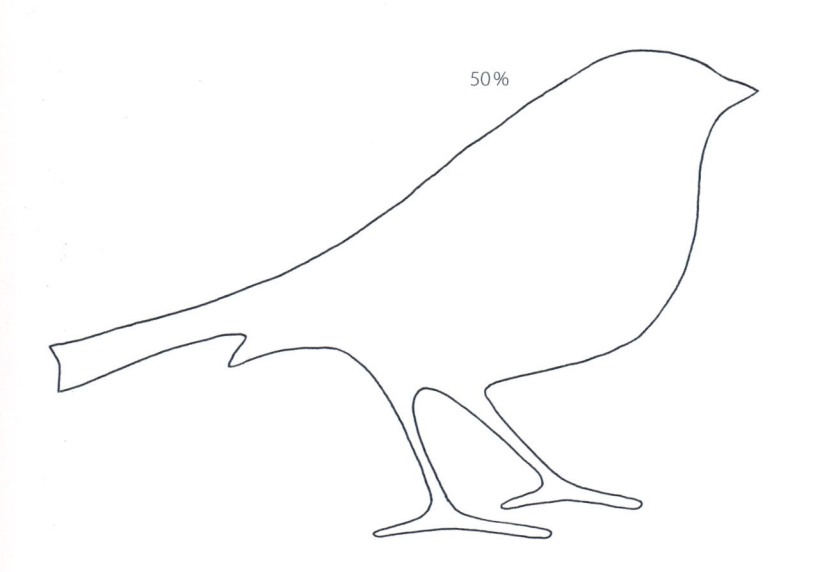

TUNIKA

Mit den aufgesteppten Bändern aus leichtem Jeansstoff wirkt die Tunika wie ein legeres Matrosenhemd. Die Kanten bleiben unversäubert (zu lange Fäden nach der ersten Wäsche einfach abschneiden). Auch hier habe ich das Bindeband für die Schnürung im Rücken durch ein selbst genähtes Jeansband ersetzt.

STOFFSTREIFEN ZUSCHNEIDEN UND AUFSTEPPEN

Den Stoff bügeln, die gewünschte Breite der Streifen (hier 1,5 cm) mit Markierstift oder Schneiderkreide auf den Stoff übertragen und die Streifen zuschneiden. Ihre Position auf der Bluse markieren (hier Mitte erster Streifen 2 cm oberhalb der unteren Blusenkante und Abstand Streifenmitte zu Streifenmitte je 2,5 cm). Die Streifen so auf die Bluse heften, dass die Enden einander 1 cm überlappen, und mittig mit Geradstich aufsteppen. Wenn Sie fransende Ränder nicht mögen, können Sie die Streifen schräg zum Fadenlauf zuschneiden (im 45-Grad-Winkel) oder an den Kanten mit Zickzackstich feststeppen.

TOP

Das tolle Zierband habe ich in einem Stoffgeschäft entdeckt, von Hand aufgenäht und mit einem schönen Knopf geschmückt.

Jeansalarm

JEANSJACKE UND JEANSHOSE

Wo lässt sich ein Wandstempel nicht überall einsetzen! Die Jeansjacke erhält einen Rückenstempel mit aufgebügeltem Strassschmuck, die Jeans eine gestempelte Bordüre. Langweilig war gestern!

DRUCKEN MIT DEKOSTEMPEL
Solche Stempel, die eigentlich für Wandtattoos gedacht sind, sich aber auch hervorragend für den Stoffdruck eignen, bekommt man im Bastelgeschäft oder Baumarkt. Auch Stoffmalfarbe erhalten Sie im Bastelbedarf.
Die Farbe wird mithilfe einer kleinen Walze oder mit einem Borstenpinsel auf die Oberfläche des Stempels aufgetragen. Dabei darauf achten, dass nicht zu viel Farbe in die Zwischenräume läuft, sonst wird der Druck unsauber. Probieren Sie den Stempel unbedingt auf einem Stoffrest aus, bevor Sie richtig loslegen! Die Stoffmalfarbe nach dem Trocknen anleitungsgemäß durch Bügeln fixieren. Das Druckmotiv nach Belieben mit aufbügelbaren Strasssteinen verzieren.

JEANSBLUSE

Diese an sich schon sehr aufwendig verarbeitete Jeansbluse habe ich lediglich mit einer Spitzenborte am Saum geschmückt und vorne mit demselben Stempel bedruckt wie die Jeansjacke. Da ich nur sehr wenig Farbe auf den Stempel aufgetragen habe, wirkt der Druck sehr dezent.

BATIKSHIRTS UND HERZSHIRT

Die Anleitung für die Batikshirts finden Sie auf Seite 129.
Die Anleitung für das gepunktete Herzshirt finden Sie auf Seite 22–23.

Jeansalarm 57

BLUMENSANDALEN

Während der Arbeit an diesem Buch habe ich diese Pantoletten auf dem Flohmarkt entdeckt. Mit ihren fransigen Jeansblüten erinnern sie mich an die Zeit des Flower-Power.

Schneiden Sie pro Blüte das große und das kleine Blütenmotiv (Zeichnung B und C) aus Jeansstoff je 2 x zu, und setzen Sie die Teile versetzt aufeinander. Zum Fixieren einen Knopf in die Mitte nähen. Die Blüten in der Waschmaschine waschen und heraushängende Fäden abschneiden. Zum Fixieren der Blüte auf der Rückseite eine Sicherheitsnadel annähen.

SCHMETTERLINGSROCK

Den schlichten hellblauen Rock habe ich am Saum gekürzt und mit vielen Schmetterlingen aus ausgewaschenem Jeansstoff aufgepeppt. Applizieren Sie die Motive, wie in der Anleitung für die Vogelapplikation beschrieben, aber steppen Sie sie nicht mit Zickzack-, sondern 2- bis 3-mal mit Geradstich ab (siehe Zeichnung A).

A Mehrfach lässig mit Geradstich absteppen

B 2 x ausschneiden und versetzt aufeinanderheften

C 2 x ausschneiden und versetzt aufeinanderheften

Jeansalarm

KINDERJEANS 👑
Meine Nichte Mia schnappte sich während unseres Fotoshootings die Jeans meiner Tochter und verschwand damit ... Wenig später hatte sie für Lilja eine Hose gezaubert, von der diese schon immer geträumt hatte – mit Kartoffeldruck!

Den aktuelen Destroyed-Look bekam die Jeans mithilfe von gewöhnlichem Schmirgelpapier.

KINDER-T-SHIRT 👑
Eine Applikation aus Jeansstoff wirkt auf einem weißen T-Shirt immer gut, egal, welches Motiv man wählt.

Den Haifisch (Zeichnung) habe ich mit etwas dickerem rotem Ziergarn im Zickzackstich aufgesteppt, als Auge dient ein aufgebügelter schwarzer Strassstein. Verfahren Sie beim Applizieren, wie in der Anleitung zur Vogelapplikation (Seite 54) beschrieben. Die Anleitung für die kleine Klappentasche finden Sie auf Seite 68.

Jeansalarm

Jeansalarm 61

Stadtbummel

Jeansschick zum Bummeln in der Stadt –
die Mädels haben Spaß!

62 Stadtbummel

Stadtbummel

JEANSROCK

Der jeansfeine Rock aus Jeansstretchstoff sitzt bequem in der Hüfte und kommt durch die aktuelle A-Form topmodern daher! Ein schönes Detail ist die aufgesteppte Ranke mit fransigen Kanten.

GRÖSSE XS – XL

ZUSCHNITT

(Schnittmusterbogen 1 und Applikation 2 als Download unter www.haupt.ch/allesjeans/ verfügbar.)

Vordere und hintere Rockbahn	je 1 x aus Jeansstoff im Stoffbruch
Stoffstreifen (1,5 x 140 cm)	1 x aus Jeansstoff

DEN SCHNITT ANPASSEN

Den Schnitt unter herunterladen, ausdrucken, zusammenkleben und in der richtigen Größe ausschneiden. Markierungen übertragen. Der Rock sitzt auf den Hüften und sollte am Becken eng anliegen. Messen Sie Ihre Hüftweite (ca. 5 cm unterhalb des Buchnabels), und überprüfen Sie, ob sie mit der Weite der oberen Rockkante (ohne seitliche Nahtzugabe) übereinstimmt. Wenn nicht, müssen Sie den Schnitt anpassen:

Parallel zum Fadenlauf in der Mitte beider Schnittmusterteile mit Bleistift und Lineal eine Linie ziehen und die Schnittmuster auseinanderschneiden. Die Kanten übereinanderschieben, um Weite zu reduzieren, oder auseinanderziehen, um Weite zuzugeben. Zwei Papierstreifen einsetzen. Ihre Breite entspricht jeweils der Hälfte der ermittelten Zusatzweite.

NAHTZUGABEN

An den Seitenkanten jeweils 1 cm Nahtzugabe anschneiden. An der oberen und unteren Rockkante entfällt die Nahtzugabe.

ANLEITUNG

1. Den nahtverdeckten Reißverschluss mit dem Reißverschlussfüßchen einnähen. Die beiden Seitenkanten, an denen der Reißverschluss eingenäht werden soll, von links jeweils mit einem Streifen Bügeleinlage verstärken, damit sie sich nicht verziehen. Auf der linken Stoffseite 18 cm unterhalb der Oberkante das Reißverschlussende markieren.

   Den Reißverschluss rechts auf rechts so an die vordere Rockbahn legen, dass das Anfangsteil 1 cm unterhalb der Oberkante liegt und die Kanten bündig abschließen. Den Reißverschluss mit Stecknadeln fixieren und bis zur Markierung heften. Die Markierung mit Schneiderkreide auf die rechte Stoffseite übertragen. Den Reißverschluss öffnen, dicht neben den Zähnchen bis zur Markierung einsteppen und wieder schließen. Die rückwärtige Rockbahn so anlegen, dass die Oberkanten bündig liegen, die andere Seite des Reißverschlussträgerbandes feststecken und heften. Den Reißverschluss wieder öffnen und von oben nach unten einsteppen. Die Heftfäden entfernen.

   Die Rockbahnen rechts auf rechts legen, und die Seitennaht bei geschlossenem Reißverschluss bis knapp unterhalb der Markierung steppen. Die Nahtzugaben auseinanderbügeln.

2. Die zweite Seitennaht steppen und die Nahtzugaben auseinanderbügeln. Die Seitennähte von rechts beidseitig steppfußbreit absteppen.

3. Das Ripsband passend zuschneiden (Hüftweite + 2 cm). Die Enden des Bandes 1 cm nach links umbügeln. Das Band 0,2 cm unterhalb der oberen Rockkante von links in den Rock heften und an beiden Kanten mit schmalen Zickzackstichen feststeppen.

4. Die Saumkante rundum 0,5 cm breit mit schmalen Zickzackstichen absteppen.

5. Den Verlauf der Spirale auf dem Rock markieren (Zeichnung A). Den Stoffstreifen anheften und mit Geradstich mittig aufsteppen.

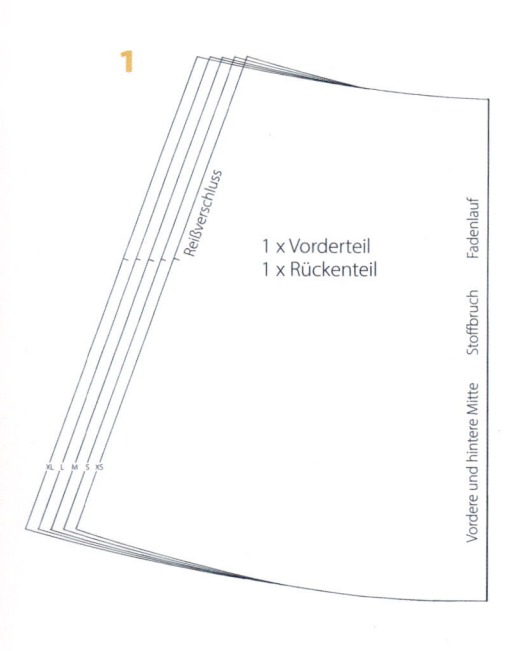

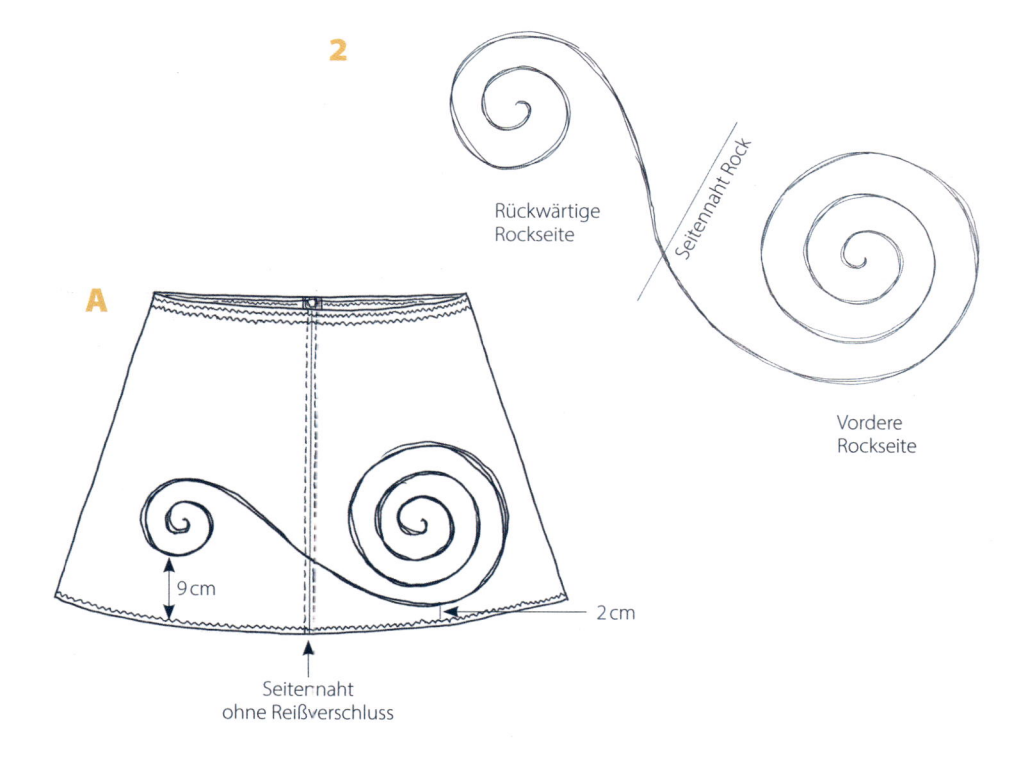

Stadtbummel

★ **Jeansstoff mit Elasthananteil:**
  Größe XS – M: 60 x 160 cm – bei geringerer
  Stoffbreite gleiches Maß wie für S – XL
  Größe S – XL: 105 x 140–160 cm
★ **Dunkelblauer nahtverdeckter Reißverschluss: 22 cm**
★ **Einlage zum Aufbügeln: 2 Streifen à 1 x 18 cm**
★ **Ripsband oder Webband: 1,5 x 90 cm**
  (bzw. gemessene Hüftweite + 2 cm)
★ **Beigefarbenes Nähgarn**
★ **Nähfuß für nahtverdeckten Reißverschluss**

Material

Stadtbummel

SHOPPER

Für den Stadtbummel unentbehrlich ist eine Tasche mit viel Platz – man weiß ja nie, was man so alles einkauft. Diesen Shopper habe ich aus neuem, leichtem Jeansstoff genäht. Als witziger Hingucker dienen ein abgetrennter Jeanshosenbund und eine kleine Münztasche.

GRÖSSE Höhe: 40 cm, Breite: 40 cm, Tiefe: 15 cm

TIPP
Verwenden Sie für das Innenfutter einen hellen, schön gemusterten Baumwollstoff. Das sieht toll aus und ist praktisch, weil der Tascheninhalt besser zu sehen ist.

ZUSCHNITT

Tasche (40 x 140–150 cm; Zeichnung A)	1 x aus Jeansstoff mit weißen Punkten
	1 x aus Baumwollstoff (Taschenfutter)
Taschenboden (Zeichnung B)	2 x aus festem Jeansstoff
Tragriemen (10 x 70 cm)	2 x aus festem Jeansstoff
Jeanshosenbund (siehe Zeichnung C)	
Kleine Münztasche	

Das Schnittmuster für den Taschenboden auf Papier übertragen oder mit Schneiderkreide oder Markierstift direkt auf die linke Stoffseite des Jeansstoffs zeichnen. Beim Abschneiden des Hosenbunds die Gürtelschlaufen – sofern sie unterhalb des Bundes festgesteppt sind – einfach durchschneiden oder unten abtrennen. Beim Ausschneiden der Münztasche am oberen Rand eine 1,5 cm breite Nahtzugabe stehen lassen.

NAHTZUGABEN

Beim Taschenboden 1 cm Nahtzugabe zugeben. In den anderen Zuschnitten ist 1 cm Nahtzugabe enthalten.

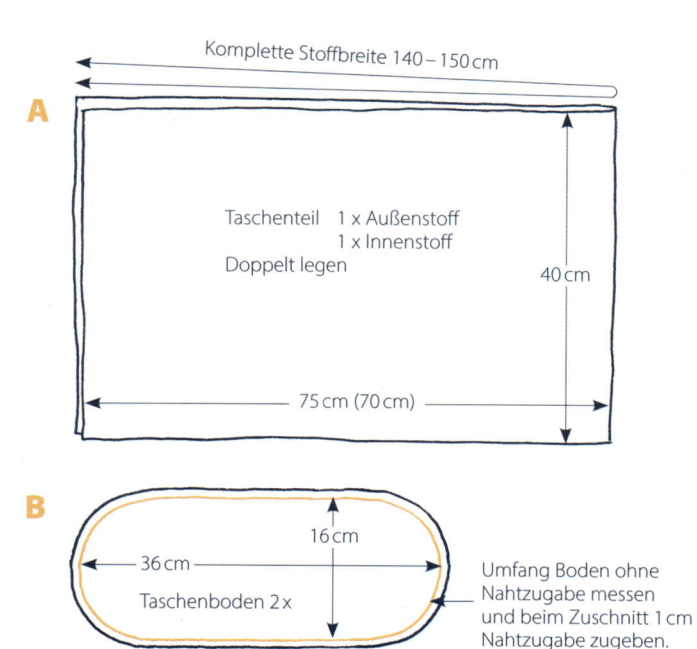

A Komplette Stoffbreite 140 – 150 cm

Taschenteil 1 x Außenstoff
1 x Innenstoff
Doppelt legen
40 cm
75 cm (70 cm)

B 16 cm
36 cm
Taschenboden 2 x
Umfang Boden ohne Nahtzugabe messen und beim Zuschnitt 1 cm Nahtzugabe zugeben.

Stadtbummel

ANLEITUNG

1. Die Schnittteile von Tasche und Futtertasche jeweils rechts auf rechts falten und die Seitennähte steppen. Die Nahtzugaben auseinanderbügeln.
2. Den Umfang des ovalen Bodens ohne Nahtzugabe ausmessen (siehe Zeichnung B). Die Unterkanten von Tasche und Futtertasche auf die gemessene Weite einkräuseln (siehe «Grundlegende Techniken…»).
3. Tasche und Futtertasche jeweils rechts auf rechts auf die Taschenböden heften und rundum feststeppen. Die Tasche nach rechts wenden und die Futtertasche (links auf links) hineinschieben.
4. Den Hosenbund an der Unterkante komplett auftrennen und alle überflüssigen Stofflagen entfernen. Das ist evtl. ein bisschen mühsam, erleichtert aber später das Steppen. Den Bund auf 70 cm kürzen (das Ende mit Knopfloch abschneiden), den Anfang ein Stück auftrennen, das Ende einschieben und alles zusammenheften (siehe Zeichnung D). Die Weite des Bundstücks an dessen Unterkante ausmessen.
5. Die Oberkanten von Tasche und Futtertasche gemeinsam auf die gemessene Bundweite einkräuseln und innerhalb der Nahtzugabe aufeinandersteppen.
6. Das Bundstück an die Taschenoberkante heften (siehe Zeichnung E). Die kleine Münztasche innerhalb der Nahtzugabe mit einheften. Den Bund an der Unterkante mit Ziergarn rundum feststeppen und dabei auch die aufgetrennten Nähte schließen.
7. Die Tragriemen nähen. Die Längskanten der Stoffstreifen 1 cm nach links umbügeln. Die Streifen der Länge nach in der Mitte falten und sorgfältig bügeln. Die Längskanten steppfußbreit absteppen.
8. An der oberen Bundkante 4 cm breite Schlitze für die Träger auftrennen (siehe Zeichnung F). Die Träger 2 cm tief in den Bund schieben, anheften und feststeppen.

Den Mopsanhänger (Zeichnung G) vor dem Kleben und Steppen ausschneiden, damit Sie die Schlaufe zwischen die Stoffschichten schieben können. Die Ohren einfach mit ansteppen. Die Schnauze mit schwarzem Garn und schmalem, eng gestelltem Zickzackstich aufsteppen oder von Hand sticken und das Auge mit schwarzem, wasserfestem Stift aufzeichnen.

C Bund rundum abschneiden

D Ca. 1–2 cm ineinanderschieben und mit Nadeln fixieren

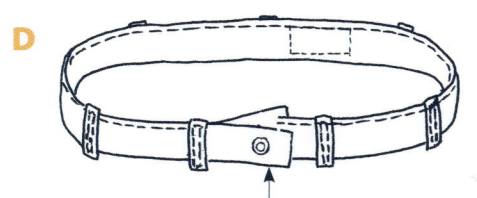

E Diese Naht ebenfalls schließen
Bund rundum an Taschenteil steppen
Taschenteil 1,5 cm tief zwischen die Lagen des Bundes schieben

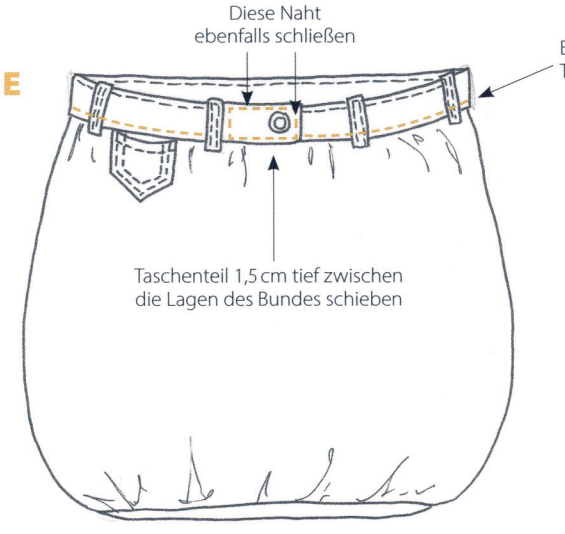

F 4 cm breite Schlitze für die Träger auftrennen
ca. 8–10 cm

G

Material

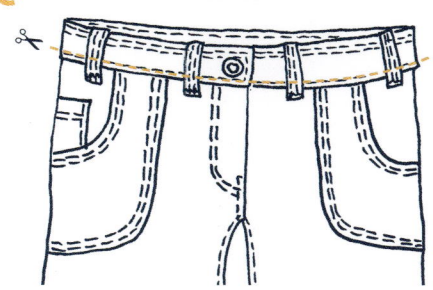

★ Hosenbund einer Jeans
★ Kleine Münztasche oder andere kleine Tasche einer Jeans
★ Dünner Jeansstoff mit weißen Punkten (140–150 cm breit): 40 cm
★ Dünner Baumwollstoff, einfarbig oder gemustert (140–150 cm breit): 40 cm
★ Fester Jeansstoff: 30 cm
★ Dunkelblaues Nähgarn
★ Ziergarn

Stadtbummel

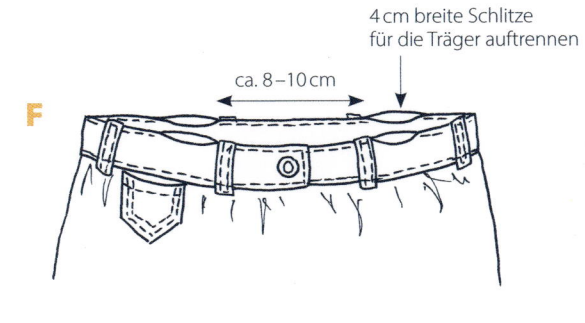

KLAPPENTASCHE

Das Besondere an dieser süßen Klappentasche sind die ausgefransten Nähte und der ungewöhnliche Riemen. Die Größe des Schnitts und die Verarbeitung können individuellen Wünschen angepasst und beliebig variiert werden.

GRÖSSE S, Höhe: 12 cm, Breite: 17 cm, Tiefe: 5 cm

ZUSCHNITT (Schnittmusterbogen 1 und 2)

Rückwärtiges Taschenteil inkl. Klappe (Schnittmusterbogen 1)	2 x aus Stoff, 1 x aus Vliesofix
Vorderes Taschenteil (Schnittmusterbogen 2)	2 x aus Stoff, 1 x aus Vliesofix
Seitenteil (6 x 36,5 cm)	2 x aus Stoff, 1 x aus Vliesofix
Riemen (2 x 87 cm)	4 x aus Stoff, 2 x aus Vliesofix
Abgetrennte Tasche einer alten Jeans (nach Belieben)	
Ziergarn	

Alle Taschenteile werden doppelt zugeschnitten: einmal für die Tasche und einmal für das Futter. Wenn das Futter eine andere Farbe erhalten soll, können Sie hierfür die linke Stoffseite der Jeans oder des Jeansstoffs verwenden.
Auf den Zuschnitten des äußeren rückwärtigen und vorderen Taschenteils jeweils die Position für den Magnetverschluss markieren (Schnittmusterbogen 1) und von links mit einem kleinen Quadrat aus Bügeleinlage (3 cm Kantenlänge) verstärken.

NAHTZUGABEN
In den Zuschnitten ist 0,5 cm Nahtzugabe enthalten.

1 Schnitt als Download unter www.haupt.ch/allesjeans/ verfügbar.

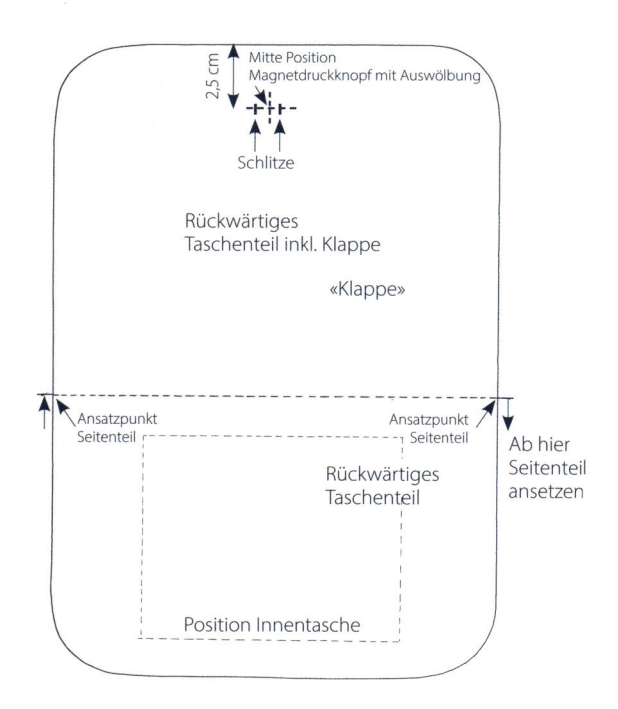

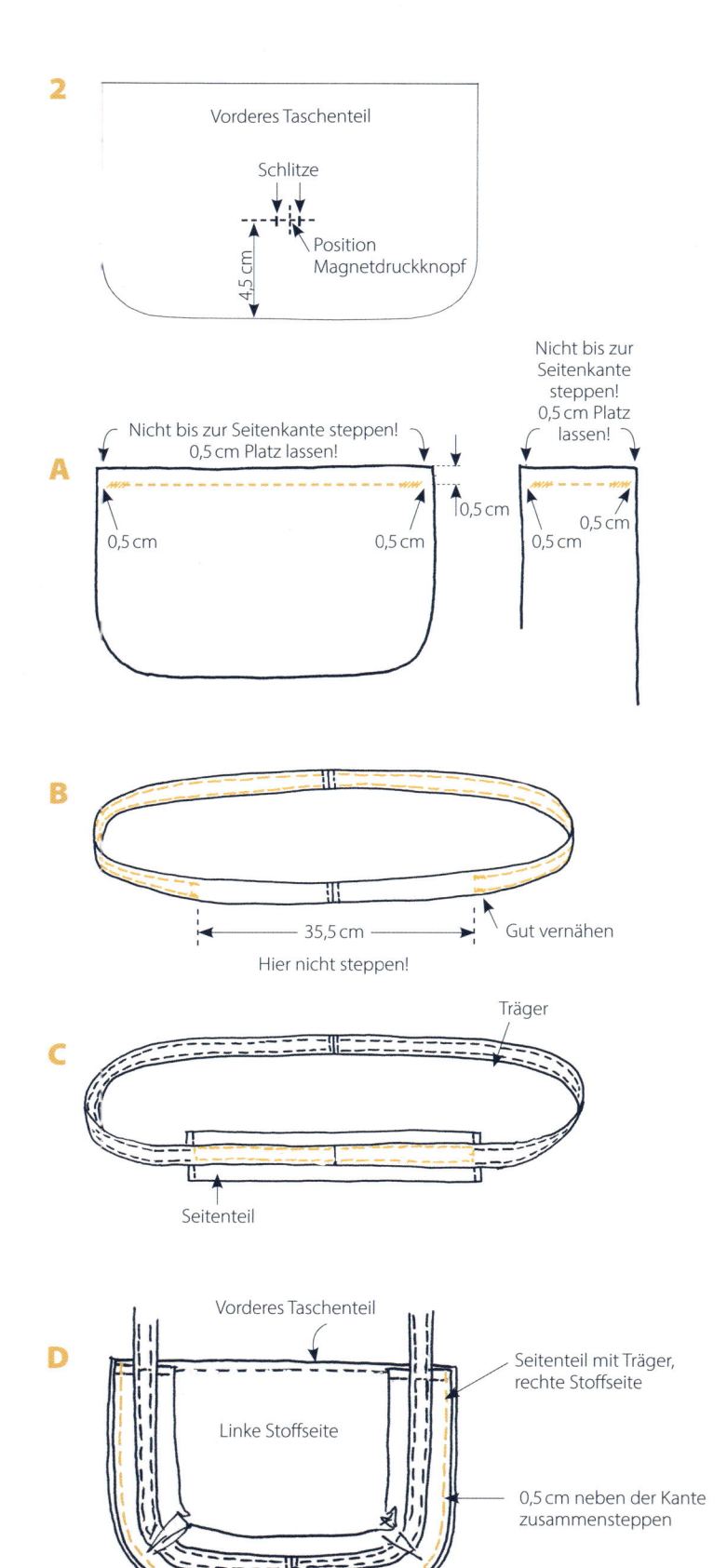

2

Stadtbummel

- 1 abgelegte Jeans oder 40 cm gekaufter fester Jeansstoff
- Vliesofix: 20 cm
- Magnetverschluss: ø 19 cm

Material

ANLEITUNG

1. Den Magnetverschluss anbringen: Die Taschenklappe (äußeres rückwärtiges Taschenteil) an der eingezeichneten Markierung mit einem Nahttrenner oder einer feinen Schere vorsichtig einschneiden (siehe Schnittmusterbogen 1), das Oberteil des Verschlusses auflegen, die Stifte durch die Schlitze stecken, das Plättchen aufsetzen und die Stifte umbiegen. Das Unterteil des Verschlusses auf die gleiche Weise am äußeren vorderen Taschenteil befestigen.
2. Wenn Sie möchten, können Sie eine abgetrennte kleine Jeanstasche von rechts als Innentasche auf das innere rückwärtige Taschenteil steppen (siehe Schnittmusterbogen 1).
3. Für den Riemen je zwei Stoffstreifen an den Enden rechts auf rechts zusammensteppen, sodass Sie einen Ring erhalten. Die Nahtzugaben auseinanderbügeln und die Nähte von rechts beidseitig steppfußbreit absteppen.
4. Auf alle Futterteile von links Vliesofix aufbügeln. Die Trägerpapiere abziehen und die Futterteile von links passgenau auf ihre Pendants bügeln. Beim Riemen müssen Sie sich Stück für Stück vorarbeiten.
5. Die Enden des Seitenteils und die Oberkante des vorderen Taschenteils absteppen (siehe Zeichnung A).
6. Den Riemen gemäß Zeichnung B absteppen. Den nicht abgesteppten Teil von außen mittig auf das Seitenteil heften und gemäß Zeichnung C feststeppen.
7. Das Seitenteil links auf links an das Taschenvorderteil heften und feststeppen (siehe Zeichnung D). Das gelingt am besten, wenn das Vorderteil glatt auf dem Nähmaschinentisch liegt und das Seitenteil darübergelegt wird.
8. Das Seitenteil links auf links an das Taschenrückenteil heften und ab dem Ansatzpunkt (siehe Schnittmusterbogen 1) feststeppen. Im selben Arbeitsgang die Taschenklappe rundum 0,5 cm breit absteppen, bis Sie wieder am Beginn der Naht angekommen sind.
9. Wenn Sie möchten, können Sie die Taschenklappe mit einer kleinen Applikation oder einem Aufnäher verzieren.
10. Die Tasche in der Maschine waschen. Nach dem Trocknen alle heraushängenden Fädchen abschneiden.

Stadtbummel

KORDELTASCHE

Diese schlichte Tasche ist ein echter Hingucker und im Handumdrehen fertig. Sie brauchen dazu lediglich die Gesäßtasche einer alten Jeans mitsamt Bundstück, ein altes T-Shirt mit Aufdruck, eine Kordel, buntes Garn und ein klein wenig Zeit … Ein Modell, an das sich auch absolute Nähanfängerinnen wagen können!

GRÖSSE
Variabel, je nach Größe der Hosentasche

ZUSCHNITT
Die Hosentasche mitsamt Bundstück gemäß Zeichnung aus der Jeans ausschneiden.
Aus dem Hosenbein der Jeans ein Rechteck ausschneiden, das etwas größer ist als die Tasche ohne Bundstück.

NAHTZUGABEN
Keine.

ANLEITUNG
1. Die Oberkante des Stoffrechtecks mit Zickzackstich versäubern, von links Vliesofix aufbügeln.
2. Das Applikationsmotiv großzügig aus dem T-Shirt ausschneiden. Von links Vliesofix aufbügeln, das Motiv nach Wunsch zuschneiden und auf die Hosentasche bügeln.
3. Die Hosentaschennähte an zwei Seiten auftrennen und die Applikation rundum mit Zickzackstich oder Geradstich aufsteppen.
4. Das Stoffrechteck mit dem Vliesofixpapier nach oben auf den Tisch legen. Die Tasche so darauf platzieren, dass die versäuberte Kante des Rechtecks direkt unterhalb des Bundstücks liegt. Die Kontur der Tasche auf das Trägerpapier übertragen und das Rechteck entsprechend zuschneiden. Das Trägerpapier abziehen und das Rechteck von links passgenau auf die Tasche bügeln.
5. Die Hosentasche mit Ziergarn entlang der alten Naht wieder feststeppen.
6. Seitenkanten und Unterkante der Tasche rundum mit Geradstich 0,5 cm breit zusammensteppen.
7. Partiell weitere Ziernähte in Kontrastfarben aufsteppen – z. B. mit breiten, dicht gesetzten Zickzackstichen.
8. Die Enden der Kordel sehr fest mit Ziergarn umwickeln und das Garn gut verknoten. Die Kordel an zwei Gürtelschlaufen binden.

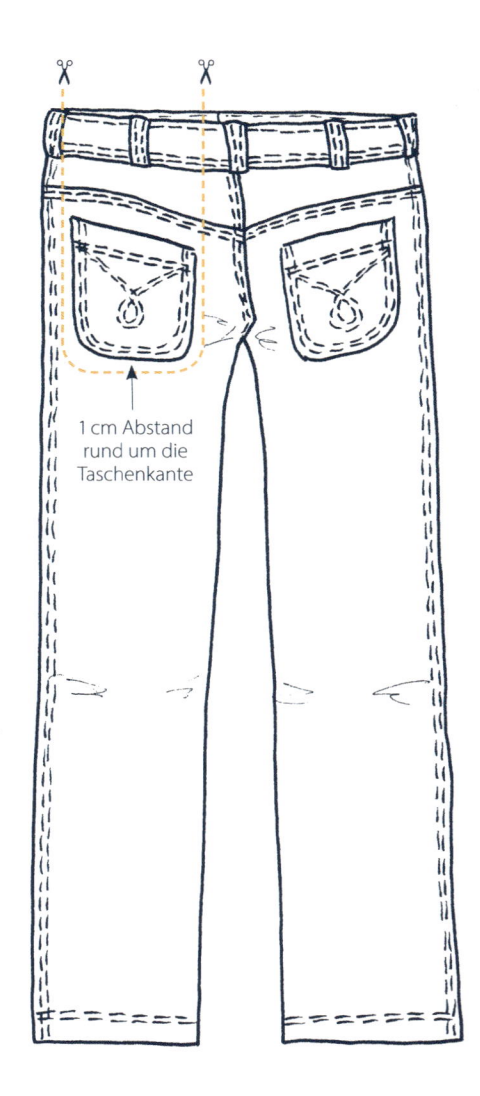

Material
- Abgelegte Jeans mit großer Gesäßtasche oder aufgesetzter Fronttasche
- Altes T-Shirt mit Aufdruck in passender Größe
- Vliesofix
- Kordel (ø 10–15 mm): 120 cm
- Blaues Nähgarn
- Nähgarn in passender Farbe zur Applikation
- Ziergarn in zwei kräftigen Farbtönen

1 cm Abstand rund um die Taschenkante

TIPP
Wenns schnell gehen soll: Sie können die Arbeitsschritte 3 und 5 überspringen, indem Sie die Applikation am Rand mit lässigen Handstichen festnähen!

Stadtbummel

MINIROCK

In Hollywood sind bemalte Jeansklamotten gerade sehr angesagt und deshalb auch richtig teuer. Das können wir auch, dachten meine Tochter und ich – mit Stoffmalfarbe und einem Jeansrock vom Flohmarkt. Ich finde, unser Experiment ist gut gelungen.

ANLEITUNG

Die Arbeitsfläche mit Folie oder auseinandergeschnittenen Plastiktüten abdecken, den Rock bügeln und glatt auf einen Tisch legen. Eine Seite nach Belieben bemalen, die Farbe trocknen lassen, den Rock wenden und die andere Seite bemalen. Die Textilfarbe nach Anleitung fixieren und den Rock vor dem Tragen waschen.

★ Jeansrock oder Jeanshose
★ Textilfarben
★ Borstenpinsel
★ Plastiktüten oder -folie

Material

Stadtbummel

Kissenparade

Kissenparade

Ich bin immer wieder begeistert, wie gut sich unterschiedliche Jeansstoffe und Motive kombinieren lassen. Aus ausrangierten Jeans können Sie z. B. coole Kissenbezüge mit Streifenoptik oder eleganten Applikationen nähen. Das ist kinderleicht und geht schnell von der Hand. Besonders gut kommen Jeanskissenbezüge auf einem blauen oder weißen Sofa zur Geltung.

ZICKZACKKISSEN

Zickzackmuster sind momentan total angesagt und Jeans sowieso – warum also nicht das eine mit dem anderen verbinden?

GRÖSSE 40 x 40 cm

ZUSCHNITT

Bezugvorderteil (42 x 42 cm)	1x aus Stoff
Bezugrückenteil (32 x 42 cm)	1 x aus Stoff
(12 x 42 cm)	1 x aus Stoff
Rechteck für Zickzackmuster (30 x 42 cm)	1 x aus Stoff
(die helle Rückseite als rechte Seite verwenden)	

NAHTZUGABEN
In den Zuschnitten ist 1 cm Nahtzugabe enthalten.

ANLEITUNG

1. Auf das Rechteck für das Zickzackmuster Vliesofix auf die dunkle Vorderseite (= hier die linke Seite) aufbügeln. Das Zickzackmuster (siehe Zeichnung B) auf das Trägerpapier übertragen und 4 Zickzackstreifen ausschneiden.
2. Die Bezugteile rundum mit Zickzackstichen versäubern.
3. Die Trägerpapiere von den Zickzackstreifen abziehen und die Streifen auf das vordere Bezugteil bügeln (siehe Zeichnung A). Die Streifen 0,2 cm neben der Kante mit Geradstich absteppen.
4. Den Reißverschluss einnähen: Die rückwärtigen Bezugteile an einer der beiden Längskanten rechts auf rechts stecken, 6 cm zusammensteppen und die Naht mit 3–4 Rückstichen verriegeln. Eine größere Stichlänge (z. B. 4–5 mm) einstellen und 30 cm weitersteppen (dieser Teil der Naht wird nach dem Einsetzen des Reißverschlusses wieder aufgetrennt). Die Stichlänge wieder zurückstellen, einen zweiten Riegel und dann den Rest der Naht steppen. Die Nahtzugaben auseinanderbügeln. Den Reißverschluss mit der Oberseite nach unten von links mittig auf die Naht stecken und von Hand auf die Nahtzugaben heften. Den Reißverschlussfuß in die Nähmaschine einsetzen und den Reißverschluss von rechts einsteppen. Der Abstand zur Naht beträgt jeweils 0,7 cm. Die Naht zwischen den beiden Riegeln auftrennen, die Heftfäden entfernen und den Reißverschluss 5 cm öffnen.
5. Die übrigen Kanten des Bezugs rechts auf rechts heften und steppen. Die Nahtzugaben auseinanderbügeln und die Kissenhülle durch den Reißverschluss nach rechts wenden.
6. Die Ecken mithilfe einer Stricknadel oder eines Stifts schön ausformen und das Kissen beziehen.

A

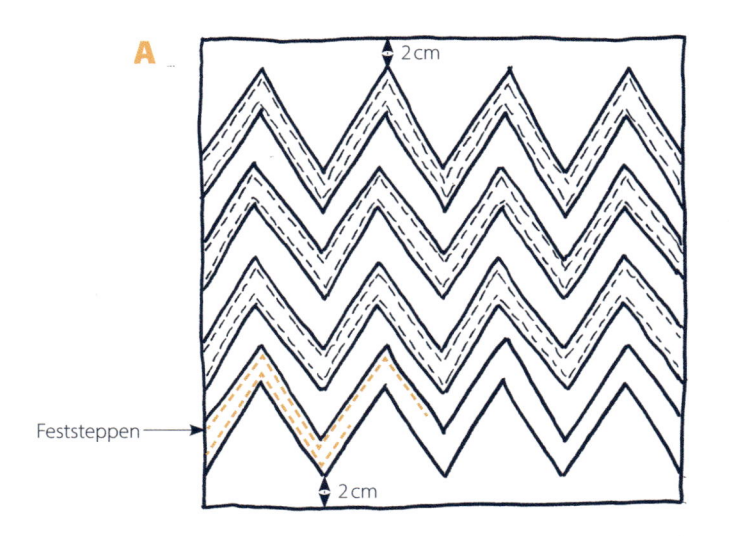

2 cm

Feststeppen

2 cm

Material

★ Dunkelblauer Jeansstoff: 45 cm
★ Vliesofix: 30 x 42 cm
★ 1 dunkelblauer Reißverschluss: 30 cm
★ Nähgarn in passendem Farbton
★ Kissen: 40 x 40 cm

4 x aneinandersetzen

B Originalgröße

Links und rechts 1 cm
Nahtzugabe anzeichnen

Kissenparade

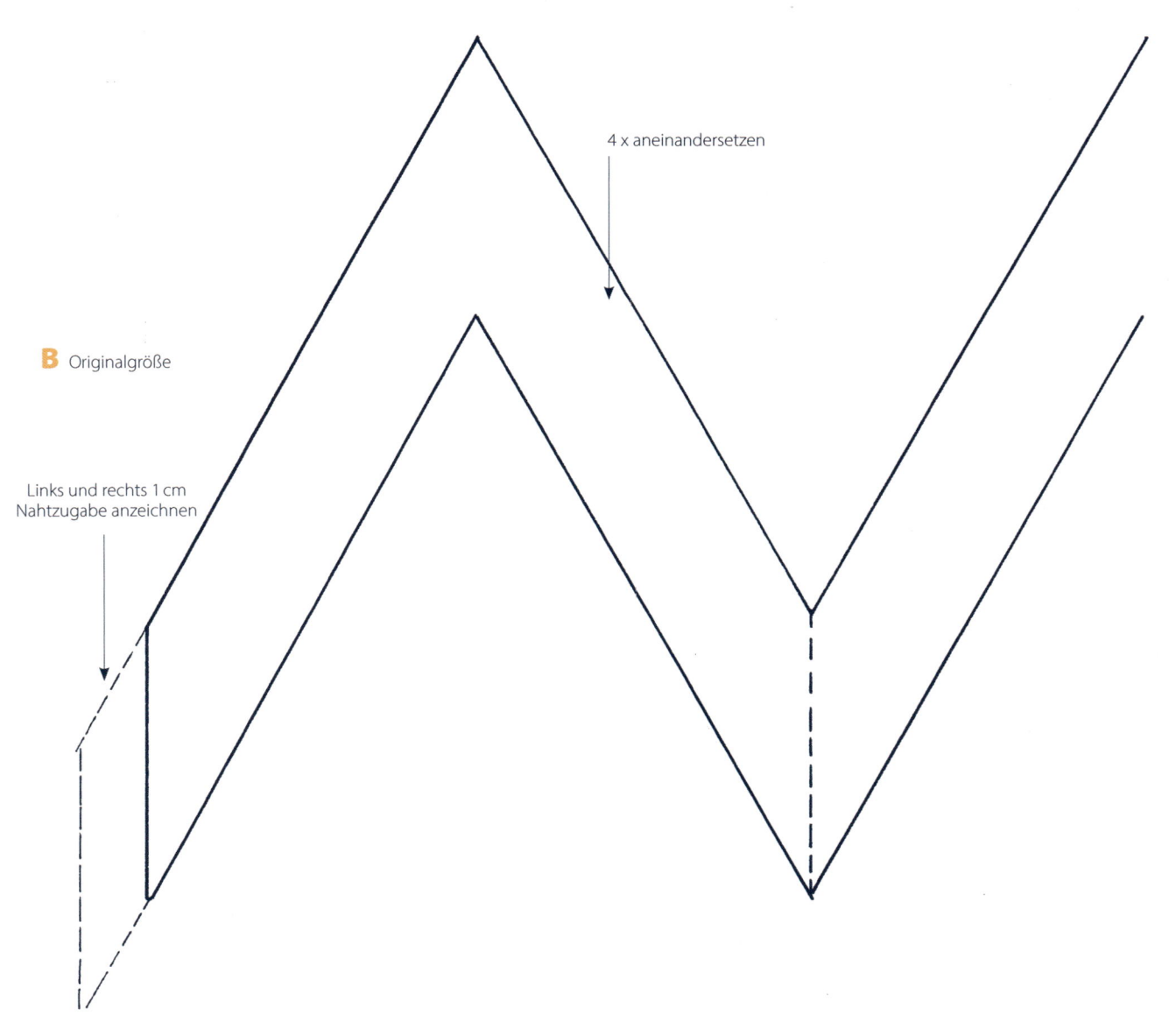

Material

- Verschiedenfarbige Reste von Jeansstoff
- Dunkelblauer Reißverschluss: 60 cm
- Nähgarn in passendem Farbton
- Kissen: 50 x 70 cm

STREIFENKISSEN
Reste von Jeansstoff lassen sich wunderbar zu einer Patchwork-Kissenhülle verarbeiten.

GRÖSSE 50 x 70 cm

ZUSCHNITT
Schneiden Sie mehrere Stoffstreifen in unterschiedlichen Breiten und 52 cm Länge zu.
Die zusammengesetzten zwei Bezugteile messen 52 x 72 cm.

NAHTZUGABEN
In den Zuschnitten ist 1 cm Nahtzugabe enthalten.

ANLEITUNG
1. Die Längskanten der Stoffstreifen mit Zickzackstichen versäubern.
2. Die Stoffstreifen an den Längskanten in der gewünschten Reihenfolge rechts auf rechts legen, heften und zusammensteppen. Die Nahtzugaben auseinanderbügeln. Wenn Sie mögen, können Sie die Nähte von rechts beidseitig absteppen oder mittig mit Ziernähten schmücken.
3. Ober- und Unterkante der beiden Bezugteile mit Zickzackstichen versäubern.
4. Den Reißverschluss einnähen: Die Bezugteile rechts auf rechts stecken, an den Unterkanten 6 cm zusammensteppen und die Naht mit 3–4 Rückstichen verriegeln. Eine größere Stichlänge (z. B. 4–5 mm) einstellen und 60 cm weitersteppen (dieser Teil der Naht wird nach dem Einsetzen des Reißverschlusses wieder aufgetrennt). Die Stichlänge wieder zurückstellen, einen zweiten Riegel und dann den Rest der Naht steppen. Die Nahtzugaben auseinanderbügeln.
Den Reißverschluss mit der Oberseite nach unten von links mittig auf die Naht stecken und von Hand auf die Nahtzugaben heften. Den Reißverschlussfuß in die Nähmaschine einsetzen und den Reißverschluss von rechts einsteppen. Der Abstand zur Naht beträgt jeweils 0,7 cm. Die Naht zwischen den beiden Riegeln auftrennen, die Heftfäden entfernen und den Reißverschluss 5 cm öffnen.
5. Die übrigen Kanten rechts auf rechts heften und steppen. Die Nahtzugaben auseinanderbügeln und die Kissenhülle durch den Reißverschluss nach rechts wenden.
6. Die Ecken mithilfe einer Stricknadel oder eines Stifts ausformen und das Kissen beziehen.

Kissenparade

JEANSBILDER

Diese «Kunstwerke» – zwei abgetrennte und gerahmte Gesäßtaschen einer Jeans – entstanden innerhalb weniger Minuten während des Fotoshootings für die Sofakissen. So wirkt die Wand hinter dem Sofa gleich viel lebendiger.

Kissenparade

Material

★ Alter Kissenbezug aus Leinen mit Stickerei oder Spitze: 80 x 80 cm
  (oder fertiger Kissenbezug: 50 x 50 cm)
★ Jeansstoffrest für Applikation: 30 x 40 cm
★ Vliesofix: 30 x 40 cm
★ Weißer Reißverschluss: 40 cm
  (entfällt, wenn ein fertiger Kissenbezug verwendet wird)
★ Nähgarn in passender Farbe
★ Kissen: 50 x 50 cm

Applikation in Originalgröße als Download unter www.haupt.ch/allesjeans/ verfügbar. Motiv an Seitenachse spielgeln.

50%
Motivmitte / Seitenachse

ORNAMENTKISSEN

Edles Leinen trifft auf robusten Denim – wie Sie sehen, eine höchst attraktive Kombination.

GRÖSSE
50 x 50 cm

ZUSCHNITT
Bezugvorderteil und Bezugrückenteil (52 x 52 cm)	2 x aus Leinen
Applikation (30 x 42 cm)	1 x aus Jeansstoff

Die Teile für den Bezug so ausschneiden, dass Stickerei oder Spitze gegebenenfalls schön zur Geltung kommt (hier z. B. werden die Initialen vom Ornament eingerahmt).

NAHTZUGABEN
In den Zuschnitten ist 1 cm Nahtzugabe enthalten.

ANLEITUNG

1. Vliesofix auf die linke Seite des Jeansstoffs aufbügeln. Das Ornament (Zeichnung) auf das Trägerpapier übertragen und die Teile ausschneiden.
2. Bezugvorder- und -rückenteil rundum mit Zickzackstichen versäubern.
3. Die Trägerpapiere von den Ornamentteilen abziehen und diese mittig, ca. 8–10 cm oberhalb der Unterkante, auf das vordere Bezugteil bügeln (siehe Applikation). Die Ornamentteile rundum mit Zickzackstichen aufsteppen.
4. Den Reißverschluss einnähen: Die Bezugteile rechts auf rechts legen, an den Unterkanten 6 cm zusammensteppen und die Naht mit 3–4 Rückstichen verriegeln. Eine größere Stichlänge (z. B. 4–5 mm) einstellen und 40 cm weitersteppen (dieser Teil der Naht wird nach dem Einsetzen des Reißverschlusses wieder aufgetrennt). Die Stichlänge wieder zurückstellen, einen zweiten Riegel und dann den Rest der Naht steppen. Die Nahtzugaben auseinanderbügeln.
Den Reißverschluss mit der Oberseite nach unten von links mittig auf die Naht stecken und von Hand auf die Nahtzugaben heften. Den Reißverschlussfuß in die Nähmaschine einsetzen und den Reißverschluss von rechts einsteppen. Der Abstand zur Naht beträgt jeweils 0,7 cm. Die Naht zwischen den beiden Riegeln auftrennen, die Heftfäden entfernen und den Reißverschluss 5 cm öffnen.
5. Die übrigen Kanten rechts auf rechts heften und steppen. Die Nahtzugaben auseinanderbügeln und die Kissenhülle durch den Reißverschluss nach rechts wenden.
6. Kissenecken mithilfe einer Stricknadel oder eines Stifts ausformen. Das Kissen beziehen.

Kissenparade

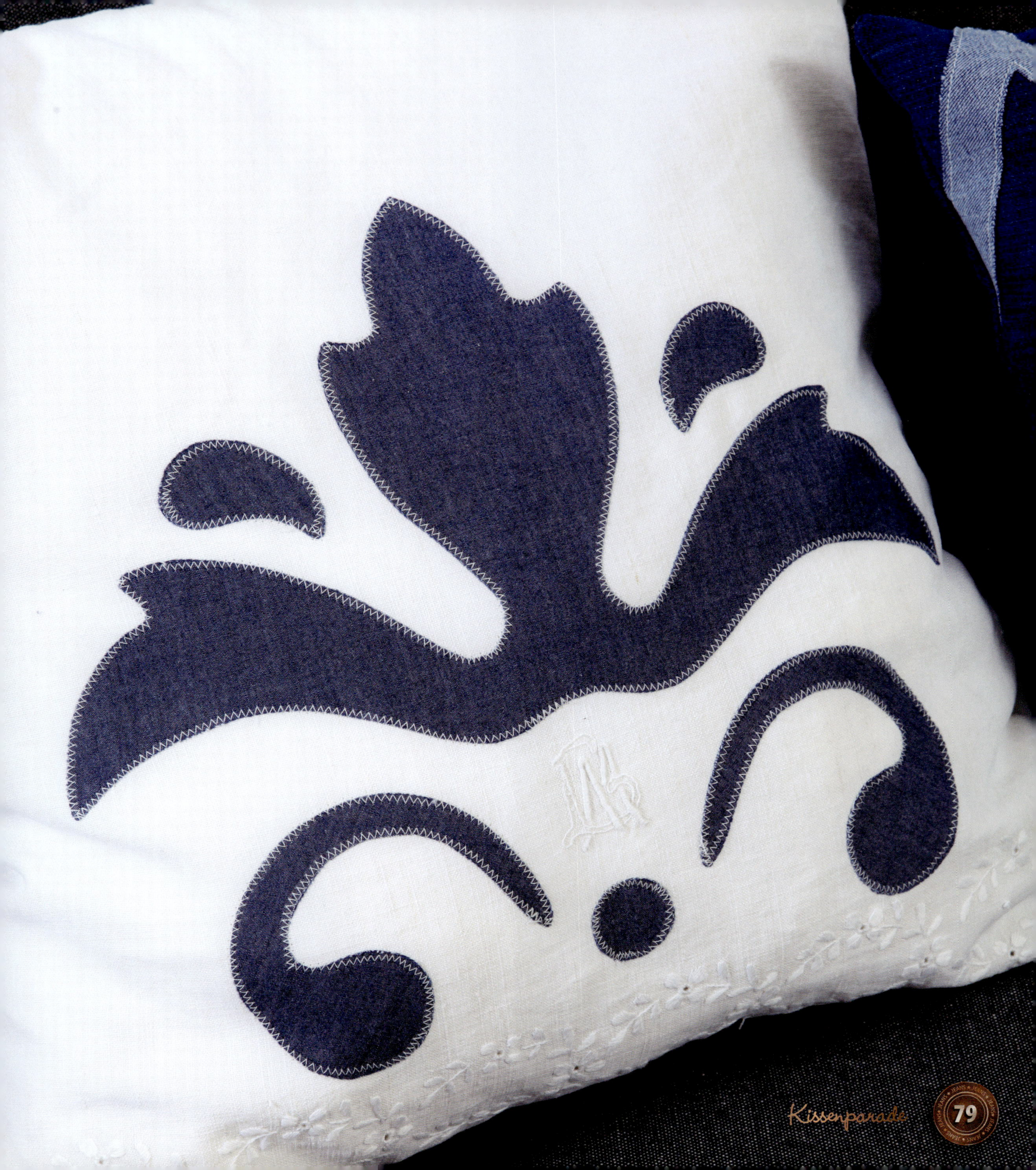

★ 1 ausrangierte Herrenjeans oder 2 gebrauchte Kinderjeans
★ 3 mit einem Ornamentstempel bedruckte Stoffreste
★ Vliesofix
★ Dunkelblauer Reißverschluss: 40 cm
★ Nähgarn in passendem Farbton
★ Naturweißes dickeres Ziergarn
  (evtl. Nadel mit größerem Öhr notwendig)
★ Kissen: 50 x 50 cm

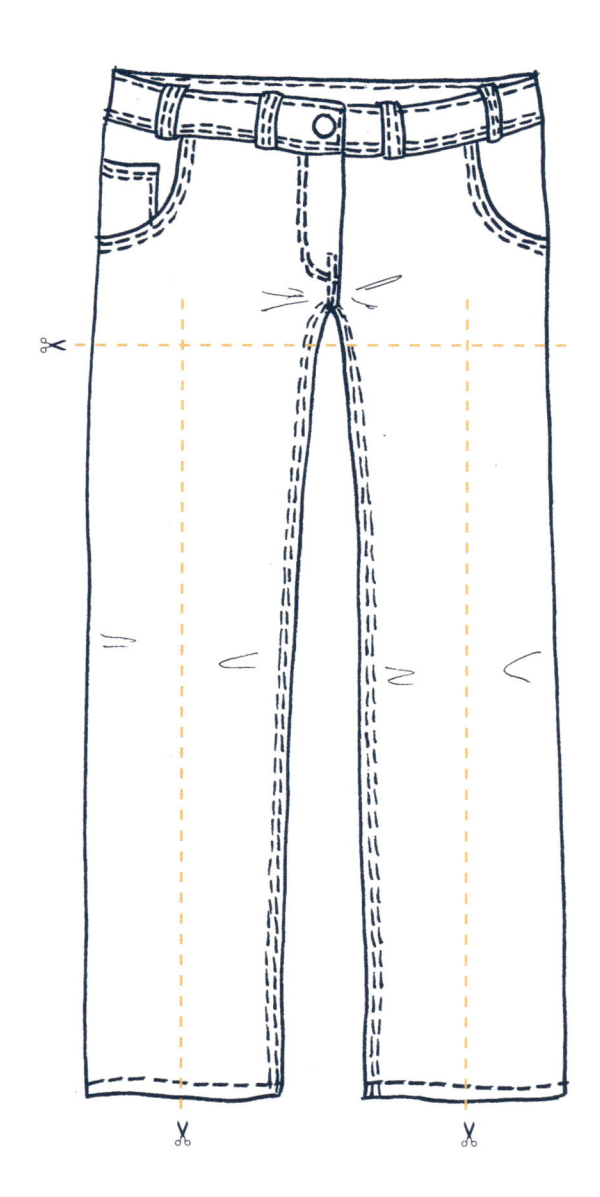

Material

Kissenparade

«BROKATKISSEN»

Hier habe ich eine alte Jeans und die Probedrucke für die Ornamente verwendet, mit denen ich die Kleidungsstücke von Seite 56 ff. verschönert habe.

GRÖSSE
50 x 50 cm

ZUSCHNITT

Bezugvorderteil (52 x 52 cm)	1 x aus Jeansstoff
Bezugrückenteil (12 x 52 cm)	1 x aus Jeansstoff
(42 x 52 cm)	1 x aus Jeansstoff
Vliesofix (18 x 18 cm)	3 x

Die Hosenbeine möglichst weit oben gerade abschneiden und entlang der vorderen Mitte aufschneiden (siehe Zeichnung).
Die Bezugteile im Fadenlauf leicht versetzt aus den Hosenbeinen zuschneiden, sodass die vorhandenen Nähte beim Zusammensteppen nicht direkt aufeinandertreffen.

NAHTZUGABEN
In den Zuschnitten ist 1 cm Nahtzugabe enthalten.

ANLEITUNG

1. Vliesofix auf die linke Seite der bedruckten Stoffreste aufbügeln. Die Konturen der Ornamente (ø hier 16 cm) einzeichnen (z. B. mithilfe eines Tellers oder einer Schüssel in passender Größe) und die Ornamente ausschneiden.
2. Die Bezugteile rundum mit Zickzackstichen versäubern.
3. Die Trägerpapiere von den Ornamenten abziehen und diese nebeneinander 10 cm oberhalb der unteren Kante auf das vordere Bezugteil bügeln. Die Ornamente mit Ziergarn mit Geradstich absteppen.
4. Den Reißverschluss einnähen: Die rückwärtigen Bezugteile rechts auf rechts stecken, sodass zwei Längskanten bündig liegen, 6 cm zusammensteppen und die Naht mit 3–4 Rückstichen verriegeln. Eine größere Stichlänge (z. B. 4–5 mm) einstellen und 40 cm weitersteppen (dieser Teil der Naht wird nach dem Einsetzen des Reißverschlusses wieder aufgetrennt). Die Stichlänge wieder zurückstellen, einen zweiten Riegel und dann den Rest der Naht steppen. Die Nahtzugaben auseinanderbügeln.
Den Reißverschluss mit der Oberseite nach unten von links mittig auf die Naht stecken und von Hand auf die Nahtzugaben heften. Den Reißverschlussfuß in die Nähmaschine einsetzen und den Reißverschluss von rechts einsteppen. Der Abstand zur Naht beträgt jeweils 0,7 cm. Die Naht zwischen den beiden Riegeln auftrennen, die Heftfäden entfernen und den Reißverschluss 5 cm öffnen.
5. Die Bezugteile rechts auf rechts zusammenheften und rundum steppen. Die Nahtzugaben auseinanderbügeln und die Kissenhülle durch den Reißverschluss nach rechts wenden.
6. Die Ecken mithilfe einer Stricknadel oder eines Stifts schön ausformen und das Kissen beziehen.

Kissenparade

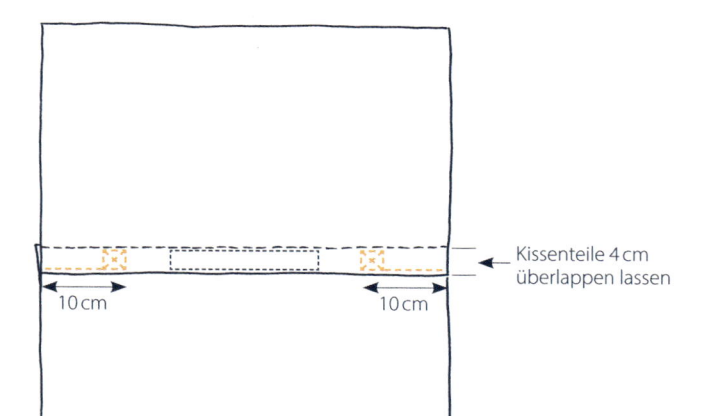

RAUTENKISSEN

Meine Aufgabe als Textildesignerin ist die Gestaltung textiler Oberflächen. Damit experimentiere ich auch beim Nähen sehr gerne. Aufgesteppte Bänder z. B. eröffnen tolle Möglichkeiten, vor allem, wenn man die fransenden Kanten als Gestaltungselement mit einbezieht. Dieser Kissenbezug wird nicht mit einem Reißverschluss, sondern mit Klettband verschlossen.

GRÖSSE
50 x 50 cm

ZUSCHNITT

Bezugvorderteil (52 x 52 cm)	1 x aus Stoff
Bezugrückenteil (40 x 52 cm)	1 x aus Stoff
(24 x 52 cm)	1 x aus Stoff
2,5 cm breite Stoffstreifen	2 x 70 cm, 4 x 60 cm, 4 x 35 cm, 4 x 20 cm

NAHTZUGABEN
In den Zuschnitten ist 1 cm Nahtzugabe enthalten.

ANLEITUNG

1. Die Bezugteile rundum mit Zickzackstich versäubern.
2. Die Stoffstreifen gemäß Zeichnung A auf dem vorderen Bezugteil anordnen und an den Kreuzungspunkten mit Stecknadeln fixieren. Die Streifen der Reihe nach mit Geradstich mittig auf das Bezugteil steppen.
3. Die rückwärtigen Bezugteile jeweils an einer der 52 cm langen Kanten 4 cm nach links umbügeln und die Umschläge knappkantig feststeppen. Das Flausch- und Hakenband des Klettverschlusses gemäß Zeichnung B aufsteppen, den Verschluss schließen und die Teile gemäß Zeichnung C aufeinandersteppen.
4. Die beiden Bezugteile rechts auf rechts zusammenheften und rundum steppen. Die Nahtzugaben auseinanderbügeln und die Kissenhülle durch den Verschluss nach rechts wenden.
5. Die Ecken mithilfe einer Stricknadel oder eines Stifts schön ausformen und das Kissen beziehen.

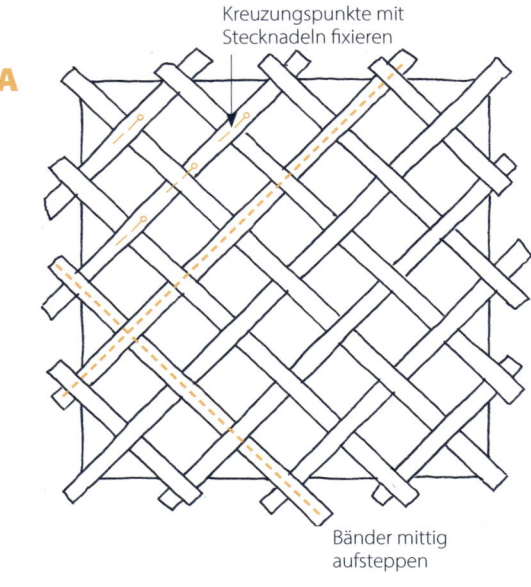

Material
- ★ Dunkelblauer Jeansstoff: 60 cm
- ★ Dunkelblaues Klettverschlussband: 15 cm
- ★ Nähgarn in passendem Farbton
- ★ Kissen: 50 x 50 cm

Kissenparade 83

TISCHLÄUFER

Aufgestempelte Ornamente wirken auf einem Tischläufer sehr dekorativ. Der Läufer ist beidseitig verwendbar und kann bei Bedarf einfach umgedreht werden.

ANLEITUNG

Zwei Stoffstücke mit den Maßen 42 x 142 cm zuschneiden und rechts auf rechts zusammensteppen. An einer Seite eine 15 cm große Öffnung zum Wenden lassen. Den Läufer nach rechts wenden und die Kanten bügeln. Die Wendeöffnung unsichtbar von Hand zunähen und die Kanten steppfußbreit und 2,5 cm breit absteppen.
Den Läufer in der Mitte bedrucken (siehe die Projekte auf Seite 56).

KUNSTOBJEKT

Auch dieses Werk ist während des Fotoshootings entstanden. Meine Fotografin Marjo Koivumäki war sich mit mir einig, dass der Untersetzer fast als Kunstobjekt durchgehen könnte. Gesagt – getan – gerahmt – voilà!

Kissenparade 85

SITZHOCKER

Der mit Polystyrolkügelchen gefüllte Jeanswürfel macht nicht nur als Sitzgelegenheit oder Fußhocker, sondern auch als Couchtisch eine gute Figur. In den rundum aufgenähten Jeanstaschen lassen sich Fernbedienung, Kopfhörer und andere Kleinigkeiten griffbereit verstauen.

GRÖSSE
Höhe: 30 cm, Breite: 50 cm, Tiefe: 50 cm

TIPP
Sie können den Hocker entweder komplett aus alten Jeans oder komplett aus festem gekauftem Jeansstoff nähen oder beides kombinieren, so wie in der Anleitung beschrieben. Die Seitenteile sind aus Hosenbeinen, Sitzfläche und Boden aus Meterware gefertigt. Um die Sitzfläche optisch etwas hervorzuheben, habe ich sie aus vier Stoffstreifen zusammengesetzt und die Nähte rechts und links steppfußbreit mit Ziergarn abgesteppt.

ZUSCHNITT

Sitzfläche (52 x 14,5 cm)	4 x aus Jeansstoff
oder, wenn Sie die Fläche aus einem Stück fertigen möchten (52 x 52 cm)	1 x aus Jeansstoff
Boden (52 x 27 cm)	2 x aus Jeansstoff
Seitenteile (32 x 52 cm)	4 x aus alten Jeans

Für die Seitenteile die Hosenbeine möglichst weit oben gerade abschneiden, entlang der einfacheren Naht aufschneiden und bügeln. Die Gesäßtaschen von den Jeans abtrennen. Wenn Sie alle Seiten des Würfels mit je 2 Taschen ausstatten wollen, benötigen Sie noch 4 weitere Gesäßtaschen.

NAHTZUGABEN
In den Zuschnitten ist 1 cm Nahtzugabe enthalten.

TIPP
Steppen Sie alle Verbindungs- und Versäuberungsnähte mit gewöhnlichem Nähgarn, und verwenden Sie zum Absteppen der Sitzfläche und zum Aufsteppen der Taschen Ziergarn.

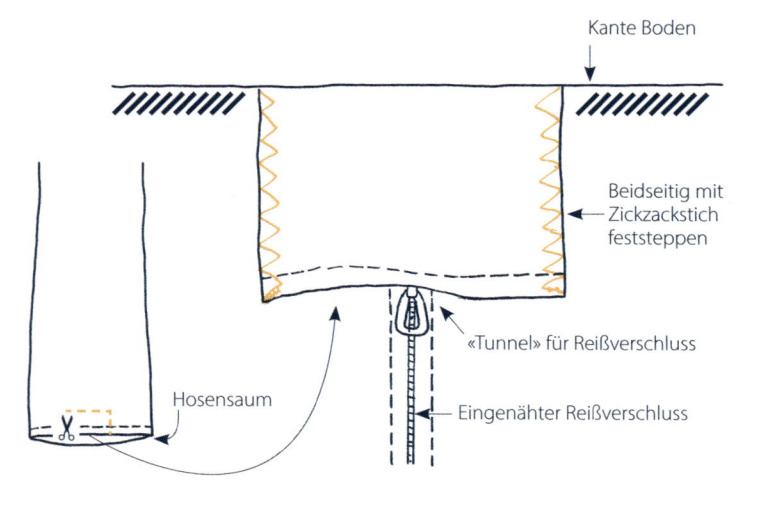

ANLEITUNG

1. Die Längskanten der Stoffstreifen für die Sitzfläche mit Zickzackstich versäubern. Die Streifen rechts auf rechts legen, die Nähte heften und steppen. Die Nahtzugaben auseinanderbügeln und die Nähte beidseitig von rechts steppfußbreit mit Ziergarn absteppen. (Dieser Schritt entfällt, wenn die Sitzfläche aus einem Stück zugeschnitten wird.)
Dieses Stoffstück und alle anderen Bezugteile rundum mit Zickzackstich versäubern.

2. Die Taschen nach Belieben auf den Seitenteilen anordnen (mindestens 5 cm von den Seitenkanten entfernt), heften und mit Ziergarn aufsteppen.

3. Den Reißverschluss einnähen:
Die beiden Schnittteile für den Boden rechts auf rechts stecken, an einer der beiden Längskanten 2 cm zusammensteppen und die Naht mit 3–4 Rückstichen verriegeln. Eine größere Stichlänge (z. B. 4–5 mm) einstellen und 43 cm weitersteppen (dieser Teil der Naht wird nach dem Einsetzen des Reißverschlusses wieder aufgetrennt). Die Stichlänge wieder zurückstellen, einen zweiten Riegel und dann den Rest der Naht steppen. Die Nahtzugaben auseinanderbügeln.
Den Reißverschluss mit der Oberseite nach unten von links mittig auf die Naht legen (den Schieber 2 cm neben der Seitenkante, das Ende darf etwas überstehen), aufstecken und von Hand auf die Nahtzugaben heften. Den Reißverschlussfuß in die Nähmaschine einsetzen und den Reißverschluss mit 0,7 cm Abstand zur Naht von rechts einsteppen. Die Naht zwischen den beiden Riegeln auftrennen, die Heftfäden entfernen und den Reißverschluss 10 cm öffnen.
Aus dem Hosensaum einer Jeans ein 5 x 7 cm großes Stoffstück ausschneiden und gemäß Zeichnung so aufsteppen, dass der Schieber des Reißverschlusses sich darunterschieben lässt (das schützt den Boden vor Kratzern).

4. Die Seitenteile rechts auf rechts aufeinanderlegen, die Seitennähte heften und steppen. Das erste und das letzte Seitenteil rechts auf rechts legen, die Naht heften und steppen, sodass Sie einen Ring erhalten. Alle Nahtzugaben auseinanderbügeln.

5. Die Sitzfläche rechts auf rechts so an die Seitenteile heften, dass die Ecken jeweils auf eine Seitennaht treffen.
Sitzfläche und Seitenteile zusammensteppen. An den Ecken zum Wenden die Nähnadel im Stoff stecken lassen, den Nähfuß hochhebeln, das Nähgut um 90 Grad drehen, den Nähfuß wieder absenken und bis zur nächsten Ecke steppen.
Den Boden auf die gleiche Weise an die Seitenteile steppen und den Bezug durch den Reißverschluss nach rechts wenden.

6. Den Bezug mit dem Inlet füllen.

INLET
Den ersten Kissenbezug mit der Hälfte der Polystyrolkügelchen befüllen und unterhalb der Knopfleiste mit einer Steppnaht schließen. Das Inlet in die Sitzsackhülle stopfen. Den zweiten Kissenbezug mit der Hälfte der restlichen Kügelchen füllen, zusammenbinden und ausprobieren, ob die Füllung ausreicht. Bei Bedarf Kügelchen nachfüllen. Sie müssen die Bezüge richtig fest stopfen, da die Füllung später nachgibt. Auch den zweiten Kissenbezug mit einer Steppnaht schließen und in die Sitzsackhülle stopfen. Am besten bewahren Sie die restlichen Polystyrolkügelchen auf für den Fall, dass Sie irgendwann nachfüllen müssen.

Kissenparade

- ★ 2 große Jeanshosen
  (oder 120 cm fester Jeansstoff)
- ★ Jeansstoff: 55 cm
- ★ Dunkelblauer Reißverschluss: 50 cm
- ★ Dunkelblaues Nähgarn
- ★ Beigefarbenes Ziergarn
- ★ Polystyrolkügelchen (oder anderes geeignetes Füllmaterial): 75 Liter
- ★ 2 alte Kissenbezüge: 80 x 80 cm
- ★ (Sie können die Kügelchen auch in einer passenden Hülle mit Reißverschluss bestellen. Das ist zwar etwas teurer, erspart Ihnen aber das Befüllen der Kissenbezüge.)

Material

Kissenparade

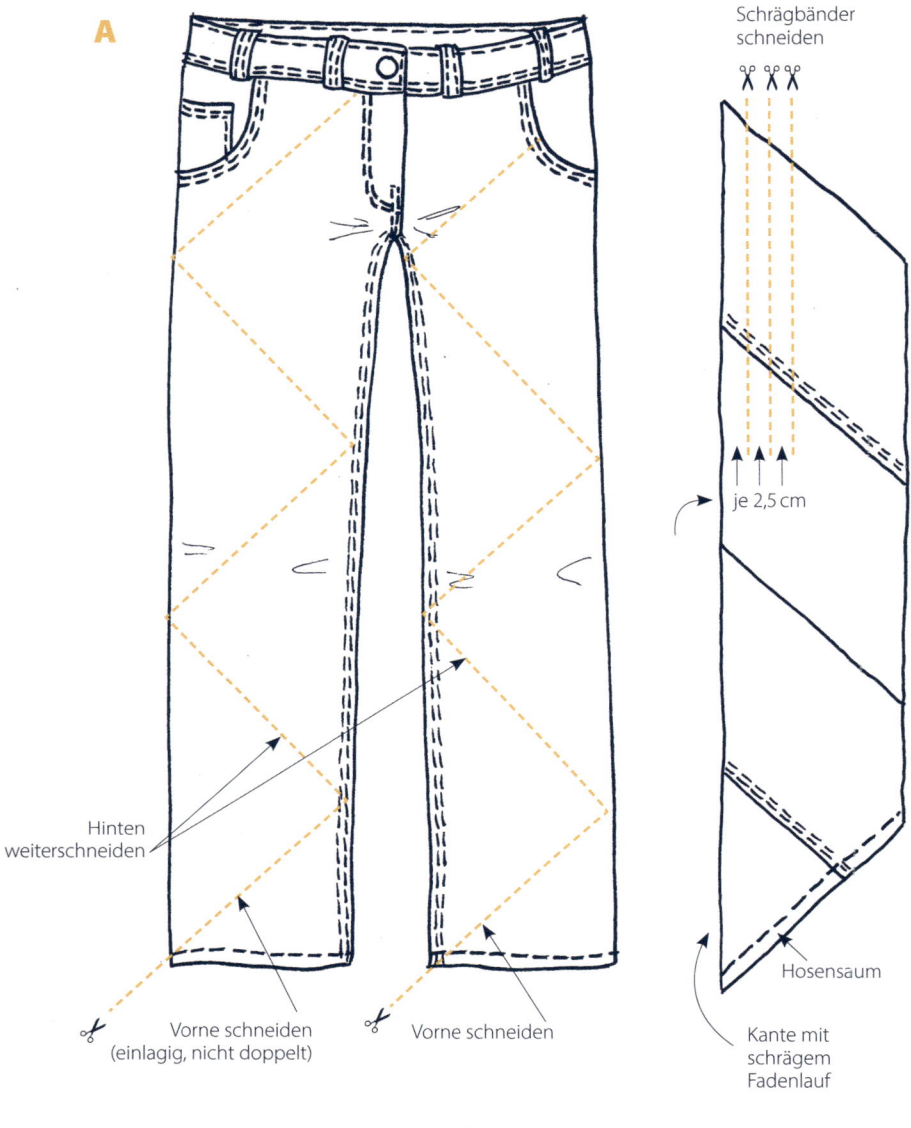

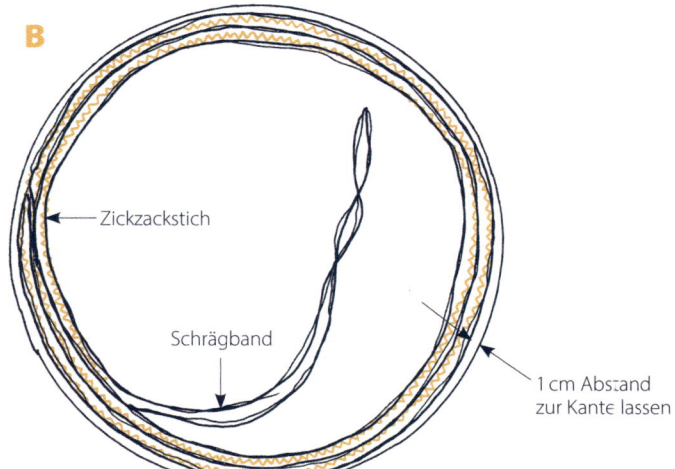

BODENKISSEN

Ein gemütliches Bodenkissen kann man immer gebrauchen! Die kreisförmig aufgenähten Jeansstreifen sorgen für eine wunderbar weiche Oberfläche und eine außergewöhnlich schöne Optik.

GRÖSSE
Durchmesser: 80 cm

ZUSCHNITT
Bezugvorderteil (ø 82 cm) — 1 x aus Stoff
Bezugrückenteil (Halbkreise mit 41 cm Radius) 2 x aus Stoff
Die Stoffstreifen gemäß Zeichnung A 2,5 cm breit aus Hosenbeinen zuschneiden. Zwei große Jeans müssten dafür reichen, doch wenn Sie ganz sichergehen wollen, dass das Material ausreicht, empfehle ich Ihnen, noch ein drittes Hosenbein in Streifen zu schneiden.

NAHTZUGABEN
In den Zuschnitten ist 1 cm Nahtzugabe enthalten. Bei den rückwärtigen Bezugteilen an den geraden Kanten 1 cm zusätzlich zugeben!

ANLEITUNG
1. Alle Bezugteile mit Zickzackstich versäubern.
2. Die Stoffstreifen mit 1 cm Abstand zur Bezugaußenkante mittig von außen nach innen in einer Spirale auf das vordere Bezugteil steppen. Die Enden jeweils ca. 2 cm übereinandersteppen (siehe Zeichnung B).
3. Den Reißverschluss einnähen: Die beiden Halbkreise rechts auf rechts aufeinanderstecken, an den geraden Kanten 11 cm zusammensteppen und die Naht mit 3–4 Rückstichen verriegeln. Eine größere Stichlänge (z. B. 4–5 mm) einstellen und 60 cm weitersteppen (dieser Teil der Naht wird nach dem Einsetzen des Reißverschlusses wieder aufgetrennt). Die Stichlänge wieder zurückstellen, einen zweiten Riegel und dann den Rest der Naht steppen. Die Nahtzugaben auseinanderbügeln. Den Reißverschluss mit der Oberseite nach unten von links mittig auf die Naht stecken und von Hand auf die Nahtzugaben heften. Den Reißverschlussfuß in die Nähmaschine einsetzen und den Reißverschluss mit 0,7 cm Abstand zur Naht von rechts einsteppen. Die Naht zwischen den beiden Riegeln auftrennen, die Heftfäden entfernen und den Reißverschluss 5 cm öffnen.
4. Die Bezugteile rechts auf rechts legen, die Naht heften und steppen. Den Bezug durch den Reißverschluss nach rechts wenden.
5. Den Bezug füllen.

Kissenparade

- ★ 2–3 Jeanshosen
- ★ Jeansstoff: 130 cm
- ★ Dunkelblauer Reißverschluss: 60 cm
- ★ Dunkelblaues Nähgarn
- ★ Rundes Kisseninlet: ø 80 cm
- ★ Wer keine Jeans zerschneiden möchte, kann das Schrägband auch aus gekauftem Jeansstoff (im 45-Grad-Winkel zum Fadenlauf) zuschneiden.

Material

TIPP

Damit die Kanten schön ausfransen, sollten Sie den Bezug vor Gebrauch einmal waschen und danach gegebenenfalls heraushängende Fädchen abschneiden.

Kissenparade 89

Heimkommen

**Wenn die Kinder nach einem langen Tag
nach Hause trotten, nicht selten
auf Umwegen und die Zeit vergessend,
kommt einer der schönsten Momente des Tages:
Sie machen es sich gemütlich
und erzählen, was sie alles erlebt haben.**

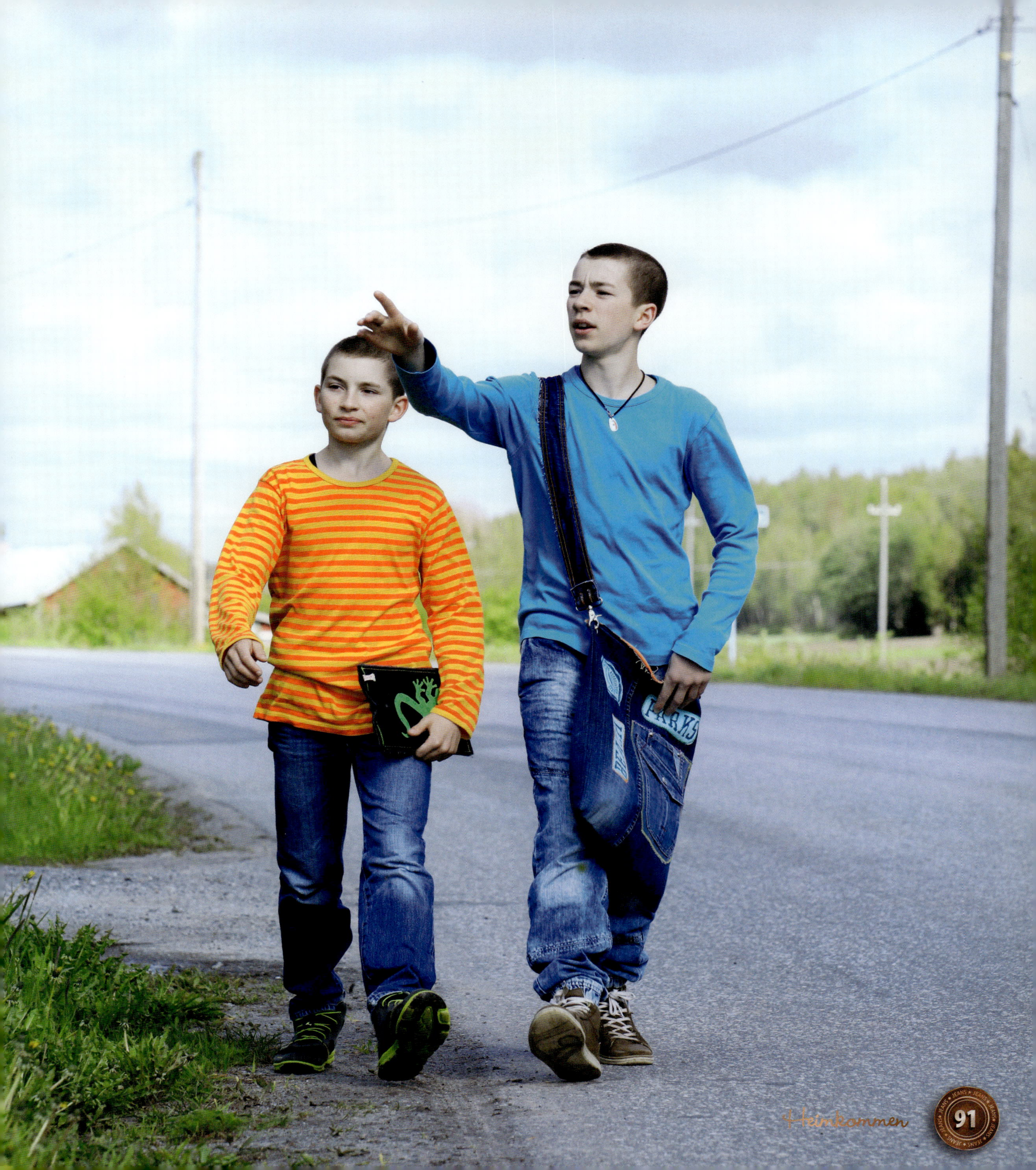
PARKS

Diagramm A

Reißverschluss einnähen; Reißverschluss liegt unter den Taschenteilen

Rechte Seite Rückwärtiges Taschenteil

Rechte Seite, vorderes Taschenteil

Mit Reißverschlussfüßchen steppen

Unversäuberte Kanten

Diagramm B

Seitennaht direkt neben Reißverschluss steppen

Reißverschluss linke Seite

Linke Stoffseite

Taschenteile rechts auf rechts legen

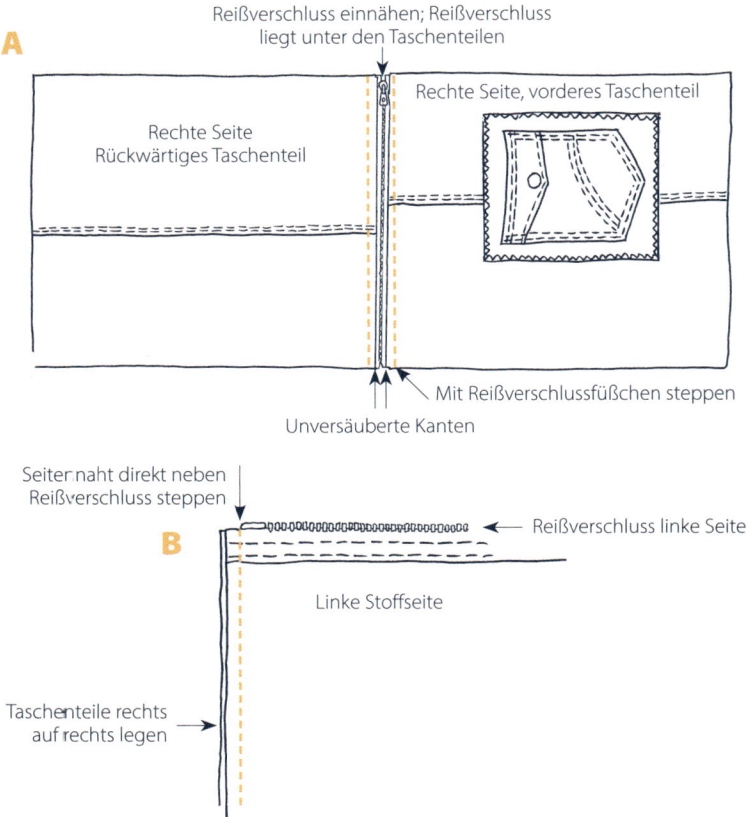

JUNGSTASCHE

Diese Umhängetasche aus einer alten Jeans bietet jede Menge Platz und punktet mit coolen Details wie bunten Ziernähten und Applikationen aus einem alten T-Shirt. Der Tragriemen besteht aus einem Hosenbund. Vor dem Einnähen des Reißverschlusses brauchen Sie keine Angst zu haben – einfacher geht es nicht!

GRÖSSE
Höhe: 45 cm, Breite: 40 cm

ZUSCHNITT

Vorderes und rückwärtiges Taschenteil (47 x 42 cm)	2 x aus Stoff (Hosenbeine oder Jeansstoff)
Tragriemen	2 Hosenbünde

Die Hosenbeine einer Jeans ca. 55 cm oberhalb des Saums gerade abschneiden und an der einfacheren Naht aufschneiden. Die Säume entfernen und die beiden Taschenteile leicht versetzt zueinander zuschneiden, damit die vorhandenen Nähte beim Zusammensteppen nicht direkt aufeinandertreffen.
Die Hosenbünde abschneiden und die Gürtelschlaufen abtrennen.
Die Gesäßtasche mit 2 cm Spiel rundum aus einer der beiden Jeans ausschneiden.

NAHTZUGABEN
In den Zuschnitten ist eine Nahtzugabe von 1 cm enthalten. Die meisten Kanten werden unversäubert verarbeitet und fransen lässig aus. Heraushängende Fädchen einfach abschneiden.

ANLEITUNG

1. Die Positionen für die Gesäßtasche und die Applikationen auf dem vorderen Taschenteil festlegen und markieren.
Die Motive für die Applikationen großzügig aus dem T-Shirt ausschneiden und von links Vliesofix aufbügeln. Die Motive passend zuschneiden, aufbügeln und mit kontrastfarbigem Garn mit Zickzackstich oder Geradstich aufsteppen.
2. Die Gesäßtasche anheften und an den Kanten mit Zickzackstich aufsteppen. Weitere Zickzacknähte in beliebiger Zahl in anderen Farben über die erste Naht setzen.
3. Den Reißverschluss rechts auf links an die Oberkanten der beiden Taschenteile heften und mit dem Reißverschlussfuß einsteppen (siehe Zeichnung A).
4. Die Taschenteile rechts auf rechts legen, Seitennähte und Bodennaht heften und steppen (siehe Zeichnung B). Die Nahtzugaben mit Zickzackstich versäubern und die Tasche nach rechts wenden.
5. Den Mittelpunkt der Ösen markieren (2 cm unterhalb der Oberkante und 2 cm neben der Seitennaht) und die Ösen nach Anleitung durch beide Stofflagen einschlagen.
6. Die Hosenbünde an zwei Enden 5 cm übereinanderlegen, mit einer quadratischen Naht zusammensteppen und den Riemen auf 120 cm Länge kürzen. Wenn sich die Bünde zusammenknöpfen lassen, die Verbindungsstelle ebenfalls mit einer quadratischen Steppnaht aus buntem Garn sichern. Die Riemenenden um die Karabiner legen und mit quadratischen und Diagonalnähten feststeppen.

★ 2 Jeanshosen mit gleich breitem Bund
  (oder 50 x 120 cm Jeansstoff und 50 mm Gurtband)
★ Gebrauchtes T-Shirt mit Aufdruck
★ Vliesofix
★ Farbiger Metallreißverschluss: 40 cm
★ 2 Ösen mit Scheibe (Innendurchmesser: 14mm)
★ Dunkelblaues Nähgarn
★ Ziergarn in verschiedenen Farben
★ 2 Karabiner für den Tragriemen: 50 mm breit
★ Abgetrennte Gesäßtasche einer Jeans

Material

Heimkommen

HANDYTÄSCHCHEN

Das Handytäschchen wird ganz ähnlich wie die Tablethülle genäht. Das Gummiband verhindert, dass das Handy herausfällt, und kann einfach zur Seite geschoben werden. Mit ihm lässt sich das Täschchen auch am Gürtel befestigen.

ZUSCHNITT

Um die Schnittgröße zu ermitteln, müssen Sie Ihr Handy ausmessen.

Schnittteilbreite: Breite Handy + 1,5 cm Weitenzugabe
+ 1 cm Nahtzugabe

Schnittteillänge: Länge Handy + 1 cm Weitenzugabe
+ 2 cm Nahtzugabe

Das Schnittteil 2 x aus Jeansstoff und 1 x (rundum 0,5 cm kleiner) aus Volumenvlies zuschneiden.

ANLEITUNG

1. Volumenvlies auf die linke Stoffseite eines der beiden Schnittteile aufbügeln. Die Schnittteile passgenau links auf links aufeinanderheften. Die oberen und unteren Kanten mit Geradstich 0,5 cm breit zusammensteppen.
2. Vliesofix von links auf den Applikationsstoff aufbügeln. Das Applikationsmotiv mit Markierstift auf den Stoff (oder spiegelverkehrt mit Bleistift auf das Vliesofixpapier) übertragen und ausschneiden. Das Trägerpapier abziehen, das Motiv aufbügeln und mehrfach mit Geradstich absteppen. Die Nähte dürfen ruhig etwas ungenau ausfallen.
3. Das Gummiband 4 cm unterhalb der Oberkante des Vorderteils mit einer rechteckigen Naht mittig auf der Hülle feststeppen. Die Taschenteile aufeinanderlegen, das Gummiband um die Oberkante legen und so in der Mitte des Rückenteils festheften, dass es glatt anliegt, aber nicht spannt. Die Hülle wieder aufklappen und das Gummiband mit einer rechteckigen Naht feststeppen.
4. Die Tasche wieder passgenau zusammenklappen und die Seitenkanten 0,5 cm breit zusammensteppen.

Material

- Jeanshosenbein oder Jeansstoff
- Gummiband: 12 cm (oder Gummiband + angenähtes Label wie auf den Fotos)
- Stoff für die Applikation
- Volumenvlies zum Aufbügeln
- Vliesofix
- Beigefarbenes Nähgarn

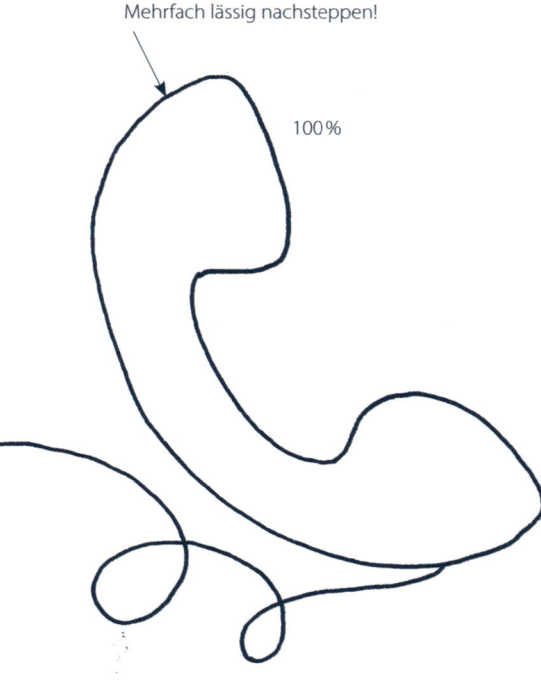

Mehrfach lässig nachsteppen!

100 %

Heimkommen

- ★ Jeansstoff: 32 x 86 cm
- ★ Altes T-Shirt mit Aufdruck in passender Größe
- ★ Vliesofix
- ★ Gurtband (30 mm): 110 cm
- ★ Dunkelblaues Nähgarn
- ★ Ziergarn in zwei bis drei kräftigen Farbtönen

Material

UMHÄNGETASCHE

Noch ein tolles Projekt für Nähanfängerinnen, die ein abgelegtes T-Shirt weiterverwerten möchten.

TIPP
Weitere Ideen zum Gestalten mit Applikationen aus T-Shirts finden Sie auf den Seiten 70 und 92.

GRÖSSE 30 x 38 cm

NAHTZUGABEN
In den Zuschnitten ist 1 cm Nahtzugabe enthalten.

ANLEITUNG

1. Das Applikationsmotiv großzügig aus dem T-Shirt ausschneiden. Von links Vliesofix aufbügeln und das Motiv entlang den gewünschten Konturen ausschneiden. Den Jeansstoff der Breite nach zusammenlegen und die Applikation aufbügeln. Achten Sie dabei darauf, dass sie nicht zu hoch sitzt, denn der obere Taschenrand wird später 5 cm nach innen eingeklappt. Die Applikation mit Ziergarn in unterschiedlichen Farben rundum im Zickzackstich und mit weiteren Ziernähten im Geradstich aufsteppen.
2. Den Stoff rechts auf rechts zusammenlegen. Die Seitennähte heften und mit dunkelblauem Nähgarn steppen. Die Nahtzugaben zusammen mit Zickzackstich versäubern. Die Tasche nach rechts wenden.
3. Die obere Taschenkante mit Zickzackstich versäubern, 5 cm nach innen umbügeln, mit Ziergarn feststeppen und mehrfach absteppen (die Nahtlinien am besten mit Lineal und Schneiderkreide vorzeichnen).
4. Das Gurtband 5 cm tief von innen mittig auf die Seitennähte heften und ebenfalls mit Ziergarn mit einer rechteckigen Naht und Diagonalnähten feststeppen.

Heimkommen

TABLETHÜLLE

Vater und Sohn im Partnerlook: Diese Tablethülle ist – bis auf die Applikation – identisch mit der Tablethülle von Seite 39.
Folgen Sie der Anleitung für dieses Projekt, und verwenden Sie grünes Nähgarn.
Das Echsenmotiv und das Birnenmotiv sind als Download unter www.haupt.ch/allesjeans/ verfügbar. Sie können diese Tablethülle beliebig variieren. Lassen Sie Ihrer Fantasie freien Lauf!

Heimkommen

98

Petri Heil

Gibt es etwas Schöneres, als neben Schule oder Arbeit seine Hobbys zu pflegen? Unsere Jungs gehen am liebsten zum Angeln, und nützliche Hüllen und Beutel aus Jeans kann man dabei immer gebrauchen.

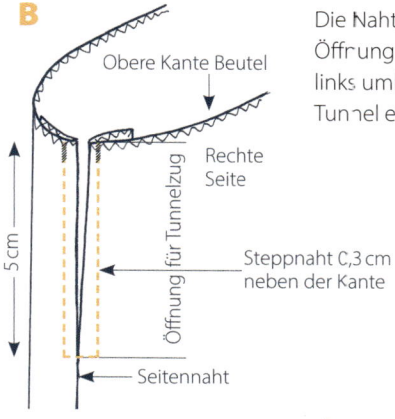

ANGELRUTENHÜLLE
ANGELSPULENHÜLLE

Auf der Suche nach einer Geschenkidee für meinen 13-jährigen Sohn kam ich auf den Gedanken, ihm für seine Angelausrüstung eine schöne Hülle zu nähen. Die mitgelieferte Hülle war weder schön noch gut verarbeitet. Das Geschenk hat ihm so gut gefallen, dass er die gleiche Hülle für seinen besten Anglerfreund nachnähen möchte.
Hüllen und Beutel – ob für Sportschuhe, Fußball oder Yogamatte – sind generell etwas sehr Nützliches und ganz einfach zu nähen. Eine wunderbare Geschenkidee für Menschen, die gern Selbstgemachtes verschenken.

TIPP

FÜR DAS NACHARBEITEN VON HÜLLEN UND BEUTELN

Messen Sie alle Teile der alten Hülle aus, und fertigen Sie ein einfaches Schnittmuster an. Addieren Sie für jede Naht eine Nahtzugabe von 1 cm, an Säumen und Umschlägen entsprechend mehr.
Schauen Sie sich die alte Hülle genau an, und überlegen Sie, in welcher Reihenfolge Sie die Teile am besten zusammensetzen. Bei aufwendigeren Hüllen hilft manchmal ein kleines Papiermodell bei der Planung.
Sofern Sie eine alte Jeans verarbeiten, achten Sie beim Zuschnitt darauf, dass dicke Nähte später nicht direkt aufeinandertreffen. Schöne Details (Knopfleiste, Taschen, Schlaufen, Label) lassen sich wirkungsvoll als Hingucker einsetzen.
Natürlich können Sie die Hülle auch mit Applikationen schmücken oder zum Steppen Garn in einer Kontrastfarbe verwenden.
Wenn Sie kein Futter einarbeiten, versäubern Sie die Nahtzugaben mit Zickzackstichen.

ANLEITUNG FÜR EINE EINFACHE HÜLLE MIT KORDELZUG

Die Hülle wird aus 2 Stoffrechtecken genäht. Die Größe der Hülle festlegen und die Maße eins zu eins auf Papier übertragen. An den Seitenkanten und an der Unterkante je 1 cm, an der oberen Kante 3 cm Nahtzugabe anzeichnen. Das Schnittmuster auf den doppelt gelegten Stoff stecken, die Hülle zuschneiden und die Teile rundum mit Zickzackstich versäubern.
Die Schnittteile rechts auf rechts legen, Seitennähte und Bodennaht heften und steppen (siehe Zeichnung A). Dabei an einer Seite die Naht 5 cm unterhalb der Oberkante ansetzen und den Nahtanfang gut mit Rückstichen sichern.
Die Nahtzugaben auseinanderbügeln, die Hülle nach rechts wenden und die Öffnung für die Kordel steppen (siehe Zeichnung B). Die Oberkante 3 cm nach links umbügeln und 2 cm unterhalb des Falzes feststeppen. Die Kordel in den Tunnel einziehen und die Kordelenden verknoten.

Witziger Hingucker ist die Knopflochleiste. Die Knopflöcher haben dieselbe Farbe wie die Angelschnur.

A
5 cm
Schnittteile rechts auf rechts zusammensteppen

B
Obere Kante Beutel
Rechte Seite
5 cm
Öffnung für Tunnelzug
Steppnaht 0,3 cm neben der Kante
Seitennaht

Petri Heil

Diese strapazierfähige Hülle besteht aus den Hosenbeinen einer alten Jeans.

Petri Heil

A

Dunkelgrün

100 %

Orange

Hell-grün

Hellgrün

Orange

Orange

B

100 %

Alle Streifen Khaki mit Tupfen

Nähte

Strassstein

Petri Heil

ANGLERTASCHE 👑👑

Man glaubt es kaum – aber diese Tasche ist praktisch identisch mit dem Kulturbeutel von Seite 36. In der Außentasche mit Reißverschluss lassen sich Blinker und Haken sicher verstauen. Folgen Sie der Anleitung auf Seite 37, und applizieren Sie den Barsch, wie unten beschrieben.

APPLIKATION «BARSCH» (siehe Zeichnung A und B)
Auf alle Stoffe, die für den Barsch verwendet werden sollen, von links Vliesofix aufbügeln. Die Motivteile auf den Stoff (oder spiegelverkehrt auf das Trägerpapier) übertragen.
Die Motivteile ausschneiden und die Trägerpapiere abziehen. Zuerst den Körper und die Flossen, dann die Streifen, das Auge und die Seitenflosse auf dünnen Jeans- oder Baumwollstoff bügeln. Das Motiv habe ich hier nur mit Textilkleber aufgeklebt und mit feinen Handstichen fixiert, da ich sonst die Jeanstasche hätte abtrennen müssen.

Petri Heil

JEANSHUT

Ein cooler Hut ist immer gut, und wenn er sich wenden lässt, umso besser! So kann man nach Lust und Laune entweder die fransige oder die gepflegtere Seite nach außen tragen.

GRÖSSE
Der Schnitt ist berechnet für einen Kopfumfang von 54–57 cm.
Bei einem kleineren oder größeren Kopfumfang den Schnitt um den entsprechenden Faktor verkleinern oder vergrößern!

ZUSCHNITT
(Schnittmusterbogen 1 und 2); Schnitt als Download unter www.haupt.ch/allesjeans/ verfügbar.

Kopfteil	*2 x aus Stoff*
Seitenteil	*2 x aus Stoff*
	2 x gespiegelt aus Stoff
Krempe	*2 x aus Stoff*
	2 x gespiegelt aus Stoff
	1 x aus Vlieseinlage
	(rundum 0,5 cm kleiner)
	1 x gespiegelt aus Vlieseinlage
	(rundum 0,5 cm kleiner)

TIPP
Ein wenig «bunter» wird der Hut, wenn Sie für einzelne Teile die linke Stoffseite als Schauseite verwenden.

NAHTZUGABEN
An den Kanten 1 cm Nahtzugabe zugeben.

★ **Jeansstoff:** 40 cm (oder eine alte Jeans)
★ **Vlieseinlage** für die Hutkrempe
★ **Dunkelblaues Nähgarn**

Material

Petri Heil

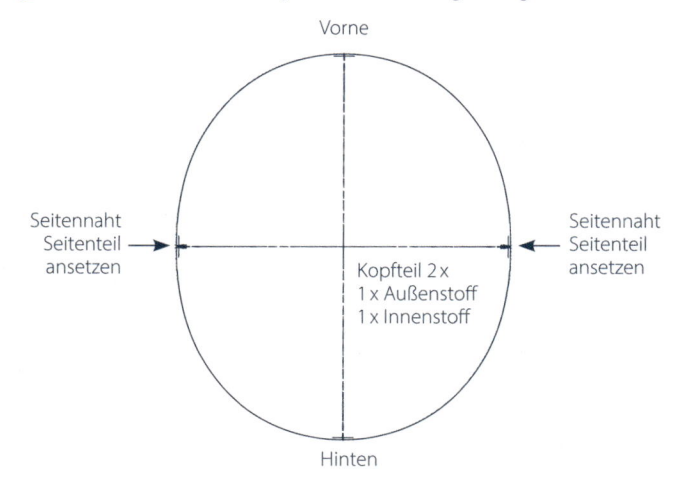

1 Vor dem Zuschnitt jeweils 1 cm Nahtzugabe zugeben

Vorne

Seitennaht Seitenteil ansetzen → ← Seitennaht Seitenteil ansetzen

Kopfteil 2 x
1 x Außenstoff
1 x Innenstoff

Hinten

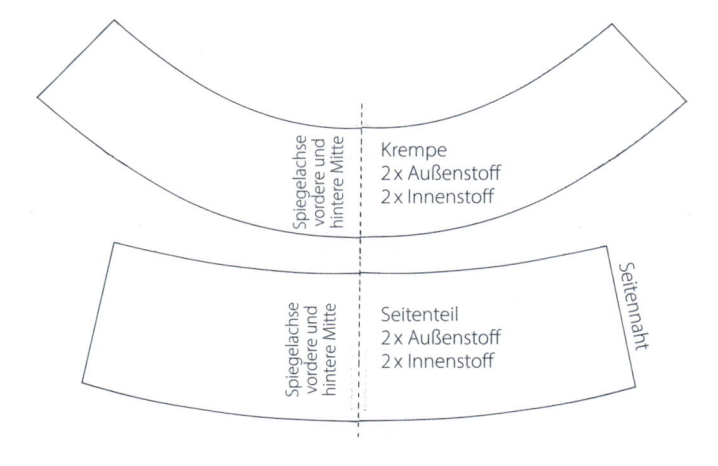

2 Vor dem Zuschnitt jeweils 1 cm Nahtzugabe zugeben

Spiegelachse vordere und hintere Mitte

Krempe
2 x Außenstoff
2 x Innenstoff

Spiegelachse vordere und hintere Mitte

Seitenteil
2 x Außenstoff
2 x Innenstoff

Seitennaht

ANLEITUNG

1. Die Krempenteile für den Außenhut von links mit Vlieseinlage verstärken und links auf links legen. Die Seitennähte heften und steppen. Die Nahtzugaben auseinanderbügeln und knappkantig feststeppen.
2. Die Krempenteile für den Innenhut rechts auf rechts legen. Die Seitennähte steppen und die Nahtzugaben auseinanderbügeln.
3. Die Seitenteile des Außenhuts links auf links legen. Die Seitennähte heften und steppen. Die Nahtzugaben auseinanderbügeln knappkantig feststeppen.
4. Die Seitenteile des Innenhuts rechts auf rechts legen. Sie Seitennähte heften und steppen. Die Nahtzugaben auseinanderbügeln.
5. Das Seitenteil des Außenhuts links auf links an das Kopfteil des Außenhuts steppen. Die Nahtzugaben auf 0,5 cm zurückschneiden.
   Das Seitenteil des Innenhuts rechts auf rechts an das Kopfteil des Innenhuts steppen. Das geht am besten, wenn das Kopfteil glatt auf dem Nähmaschinentisch liegt und das Seitenteil darübergelegt wird. Den Innenhut wenden und die Nahtzugaben zu den Seitenteilen bügeln.
6. Die Krempe des Außenhuts rechts auf rechts so an den Außenhut heften, dass die Seitennähte genau aufeinandertreffen. Die Teile zusammensteppen, die Nahtzugaben nach oben in die Seitenteile bügeln. Den Hut auf rechts wenden. Die Krempe des Innenhuts rechts auf rechts an den Innenhut steppen. Die Nahtzugaben nach oben in die Seitenteile bügeln. Den Innenhut in den Außenhut schieben (linke Hutseiten aufeinander), die Krempen an der Außenkante zusammenheften und von rechts 0,5 cm breit zusammensteppen.
7. Die Krempe nach Belieben (mehrfach) absteppen.

Petri Heil

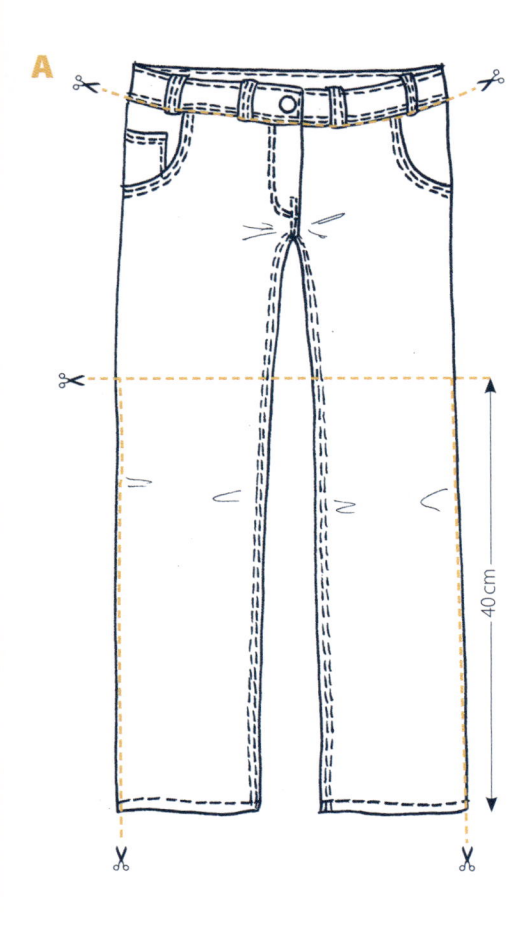

JEANSTASCHE

Ob zum Transport von Badesachen oder Einkäufen – diese strapazierfähige Tasche ist sehr praktisch und bei mir zu Hause ständig in Gebrauch. Die schönen Details – Doppelnähte und Außentasche – liefert die Jeans, aus der die Tasche genäht wird, gleich mit. Die Tragriemen sind aus dem Hosenbund gefertigt.

GRÖSSE
Höhe: 37 cm, Breite: 35 cm

TIPP
Sie können die Tasche in jeder beliebigen Größe nähen. Aus Kinderjeans z. B. lassen sich wunderhübsche kleine Jeanstaschen schneidern. Kalkulieren Sie an den Seiten und am unteren Rand jeweils 1 cm und am oberen Rand 3 cm Nahtzugabe ein.

ZUSCHNITT

Vorderes Taschenteil (41 x 37 cm)	1 x aus Stoff
Rückwärtiges Taschenteil (41 x 37 cm)	1 x aus Stoff
Tragriemen (35 cm)	2 x aus einem Hosenbund
Abgetrennte Gesäßtasche einer Jeans (oder mehrere Gesäßtaschen)	

Die Hosenbeine ca. 40 cm oberhalb der Säume abschneiden (siehe Zeichnung A) und an der Innen- oder Außenbeinnaht aufschneiden. Die schöne Doppelnaht sollte erhalten bleiben. Die Säume abschneiden und die Schnittteile zuschneiden. Achten Sie darauf, dass die Doppelnähte am vorderen und rückwärtigen Taschenteil etwas versetzt liegen, damit sie beim Zusammensteppen nicht aufeinandertreffen.
Den Bund direkt unterhalb der Naht abschneiden, die Gürtelschlaufen abtrennen und zwei 35 cm lange Bundstücke zuschneiden.

NAHTZUGABEN
In den Zuschnitten ist 1 cm Nahtzugabe enthalten.

ANLEITUNG

TIPP
Zum Aufsteppen der Gesäßtasche, zum Säumen der Taschenkante und zum Feststeppen der Träger können Sie Ziergarn verwenden. Die restlichen Nähte mit herkömmlichem Nähgarn steppen.

1. Die Position für die Außentasche(n) auf dem Taschenvorderteil markieren, die Gesäßtasche(n) anheften und mit Ziergarn aufsteppen.
2. Die Taschenteile rechts auf rechts legen, Seitennähte und Bodennaht heften und steppen. Die Nahtzugaben und die Taschenoberkante mit Zickzackstich versäubern. Die Tasche nach rechts wenden.
3. Die Kante 3 cm nach innen bügeln, heften und steppfußbreit mit Ziergarn steppen. Die Tragriemen in die Tasche heften (siehe Zeichnung B) und mit einer quadratischen Naht feststeppen.

★ 1 alte Jeans (reicht normalerweise für 2 Taschen)
★ Dunkelblaues Nähgarn
★ Ziergarn (hier beigefarben)

Material

Petri Heil

Petri Heil

BADETASCHE

Jeansstoff lässt sich hervorragend zusammen mit anderen Stoffen verarbeiten. Diese geräumige Badetasche hat einen Boden aus strapazierfähigem Denim und Seitenteile aus festem Dekostoff. Trauen Sie sich ruhig an diese Tasche heran! Sie ist leichter zu nähen, als es auf den ersten Blick erscheinen mag.

GRÖSSE
Höhe: 35 cm, Breite: 50 cm, Tiefe: 24 cm

ZUSCHNITT
(Schnittmusterbogen 1–3); Schnitt als Download unter www.haupt.ch/allesjeans/ verfügbar.

Taschenfutter (88 x 76 cm)	1 x aus leichtem Baumwollstoff
Seitenteile Tasche (26 x 75 cm)	2 x aus festem Dekostoff
Taschenboden (56 x 76 cm)	1 x aus festem Jeansstoff 1 x aus sehr fester Vlieseinlage
Tragriemen (10 x 120 cm)	2 x aus festem Jeansstoff

Die Position der Innen- und Außentasche mit Schneiderkreide oder Markierstift auf dem Taschenfutter und dem Taschenboden markieren (siehe Schnittmusterbogen 1 bis 3).

NAHTZUGABEN
In den Zuschnitten ist 1 cm Nahtzugabe enthalten.

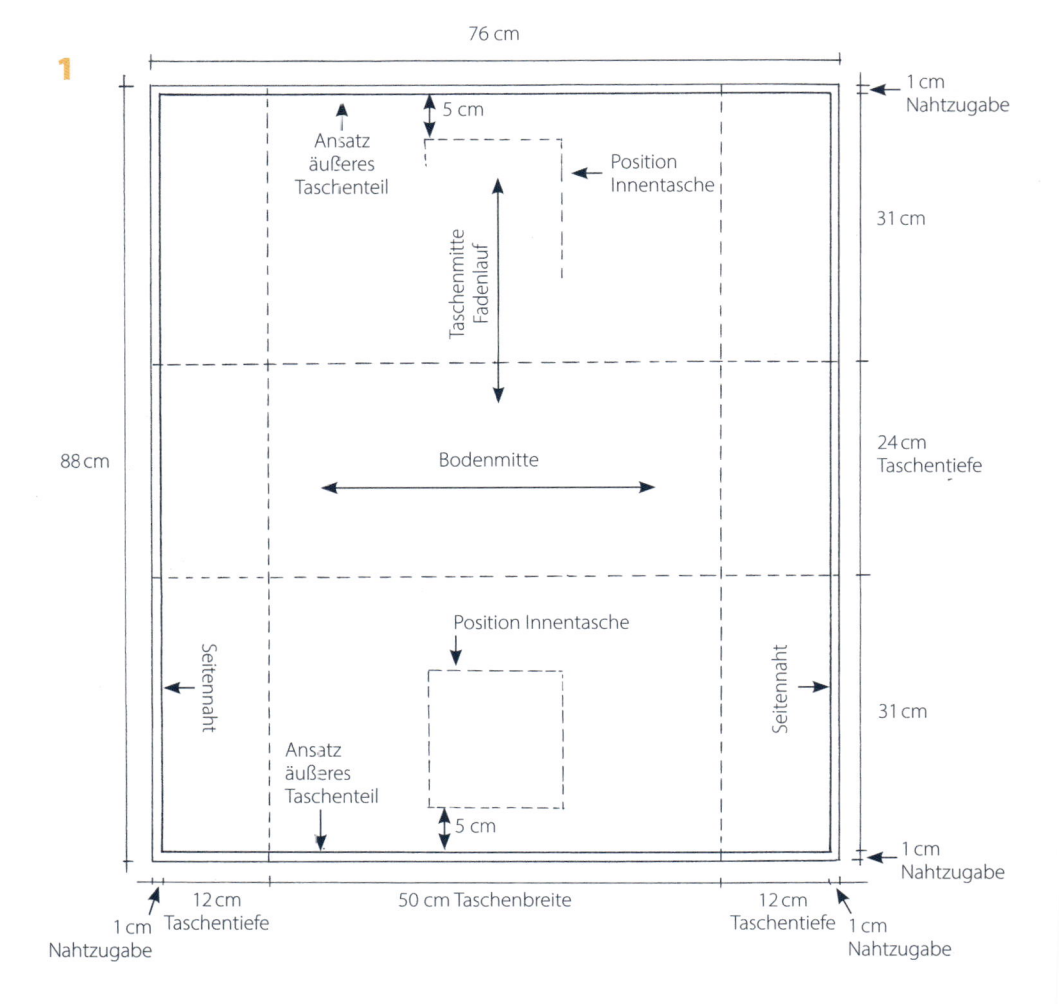

Material
- Leichter Baumwollstoff
- Fester Dekostoff
- Fester Jeansstoff
- Sehr feste Vlieseinlage
- Schrägband oder Webband: 110 cm
- 2–3 von einer alten Jeans abgetrennte Taschen (nach Belieben)
- Nähgarn in passendem Farbton

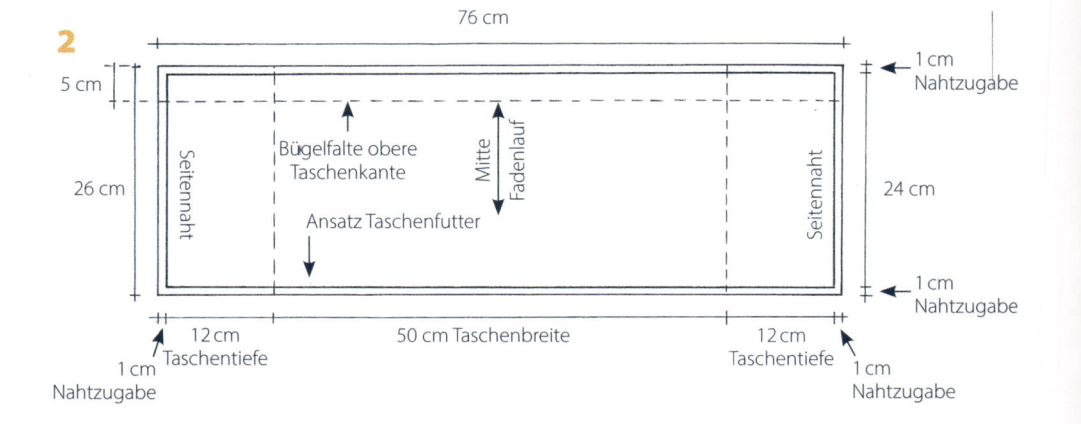

Petri Heil

ANLEITUNG

1. Den Taschenboden von links mit Vlieseinlage verstärken. Nach Belieben eine der abgetrennten Taschen aufsteppen (siehe Schnittmusterbogen 3). Den Boden rechts auf rechts der Breite nach in der Mitte falten. Die Seitennähte heften und steppen. Die Nahtzugaben auseinanderbügeln.

2. Die Bodenabnäher steppen (Siehe «Grundlegende Techniken …»): Das Bodenteil auf links gewendet lassen. Seitennaht und Bodenfalz aufeinanderlegen, sodass die Seitennaht in Richtung Eckenspitze verläuft. Abnäher im rechten Winkel zur Seitennaht mit 12 cm Abstand zur Eckenspitze einzeichnen und steppen.
   Die Ecken nach unten umbügeln und von Hand mit ein paar Stichen oder mit einem passend zugeschnittenen Stück Vliesofix am Taschenboden fixieren (mit ein paar Tropfen Klebstoff geht es auch). Den Taschenboden nach rechts wenden.

3. Nach Belieben eine oder zwei Innentaschen auf das Taschenfutter nähen (siehe Schnittmusterbogen 1).
   Die Seitenteile der Tasche gemäß Schnittmusterbogen 2 an der Oberkante nach links umbügeln, wieder aufklappen, rechts auf rechts an das Taschenfutter heften und feststeppen (die Bügelfalte markiert die obere Taschenkante). Die Nahtzugaben nach unten bügeln und steppfußbreit feststeppen.

4. Das Taschenfutter rechts auf rechts in der Bodenmitte falten, die Seitennähte heften und steppen. Dabei auf einer Seite 15 cm oberhalb der Falzkante eine 20 cm lange Öffnung zum Wenden lassen. Die Nahtzugaben auseinanderbügeln. Nicht wenden!

5. Die Bodenabnäher steppen: Seitennaht und Bodenfalz aufeinanderlegen, sodass die Seitennaht entlang der Bodenmitte in Richtung Eckenspitze verläuft. Die Abnäher im rechten Winkel zur Seitennaht und mit 12 cm Abstand zur Eckenspitze einzeichnen und steppen. Die Ecken zurückschneiden und mit Zickzackstich versäubern. Das Futter nach rechts wenden.

6. Die Stoffstreifen für die Tragriemen an den Längskanten 1 cm nach links umbügeln, in der Mitte falten und sorgfältig bügeln. Beide Längskanten steppfußbreit absteppen.

7. Die Tragriemen gemäß Zeichnung A von rechts an die Tasche heften und steppfußbreit feststeppen.

8. Die Seitenteile entlang der Bügelfalte zum Futter umfalten (links auf links). Die Kante nochmals bügeln. Beide Tragriemen gemäß Zeichnung B mit einer rechteckigen Naht und Diagonalnähten aufsteppen. Die Tasche wieder nach links wenden und die Träger nach innen legen.

9. Die rechte Seite des Bodens in die Tasche ziehen. Die Träger liegen «unsichtbar» zwischen Seitenteilen und Taschenboden. Boden und Seitenteile an den Kanten heften und rundum steppen (siehe Zeichnung C). Die Tasche durch die Öffnung im Futter nach rechts wenden und zurechtziehen. Wendeöffnung knappkantig schließen.

10. Das Webband 2 cm unterhalb der Kante jeweils von Tragriemen zu Tragriemen auf die Tasche heften, die Enden 1 cm einschlagen und das Band rundum knappkantig feststeppen.

110

3

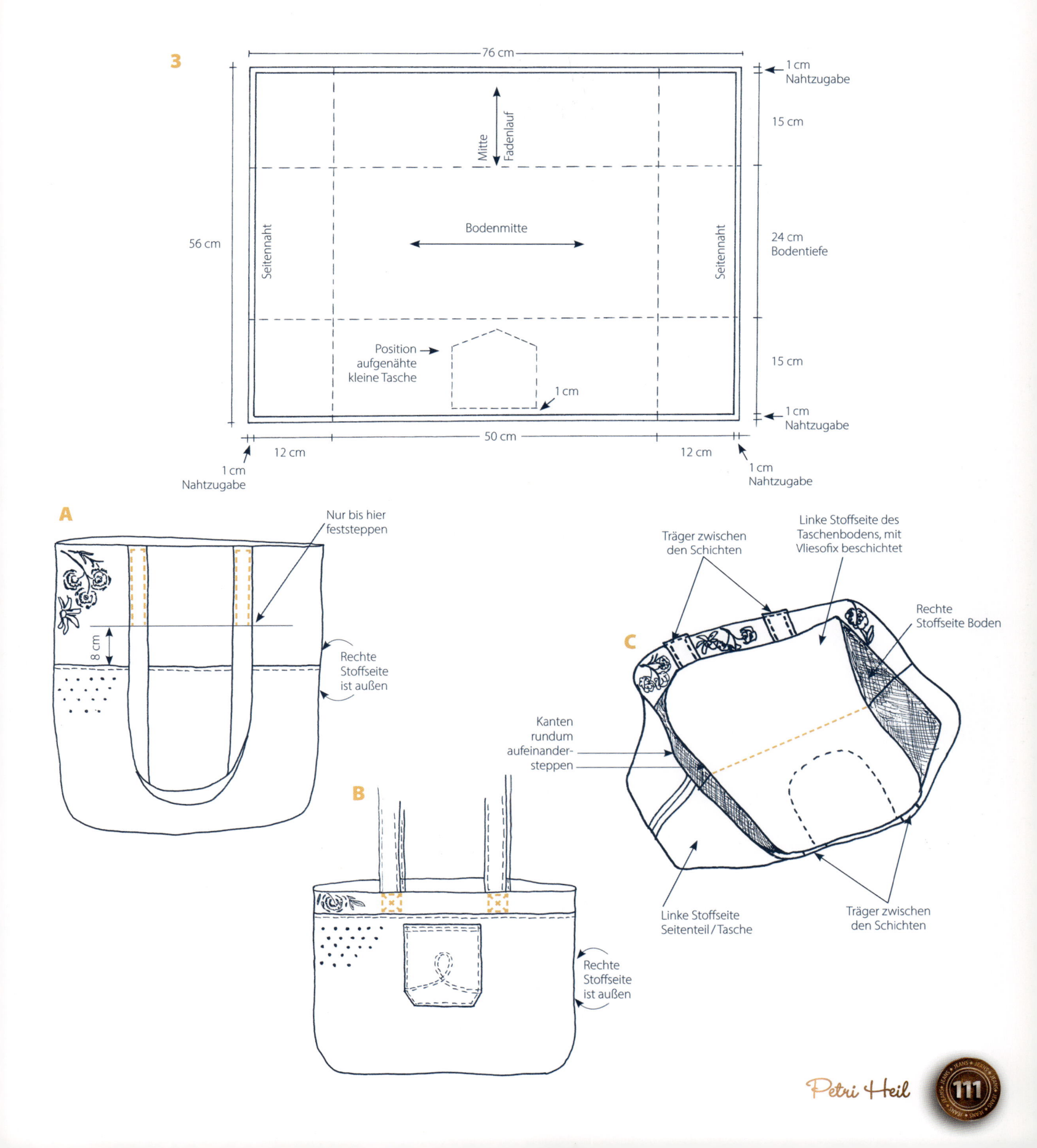

- 76 cm
- 1 cm Nahtzugabe
- 15 cm
- Mitte Fadenlauf
- 24 cm Bodentiefe
- Seitennaht
- Bodenmitte
- Seitennaht
- 56 cm
- 15 cm
- Position aufgenähte kleine Tasche
- 1 cm
- 1 cm Nahtzugabe
- 12 cm
- 50 cm
- 12 cm
- 1 cm Nahtzugabe
- 1 cm Nahtzugabe

A
- Nur bis hier feststeppen
- 8 cm
- Rechte Stoffseite ist außen

B
- Rechte Stoffseite ist außen

C
- Träger zwischen den Schichten
- Linke Stoffseite des Taschenbodens, mit Vliesofix beschichtet
- Rechte Stoffseite Boden
- Kanten rundum aufeinandersteppen
- Linke Stoffseite Seitenteil / Tasche
- Träger zwischen den Schichten

Petri Heil

Männersachen

**Feierabend und noch ein bisschen Zeit.
Egal, was den beiden einfällt, den coolen Look
mit Jeanskrawatte & Co. toppt so schnell keiner!
Aus Jeans lassen sich auch andere tolle Sachen
für Männer nähen, wie Sie hier sehen!**

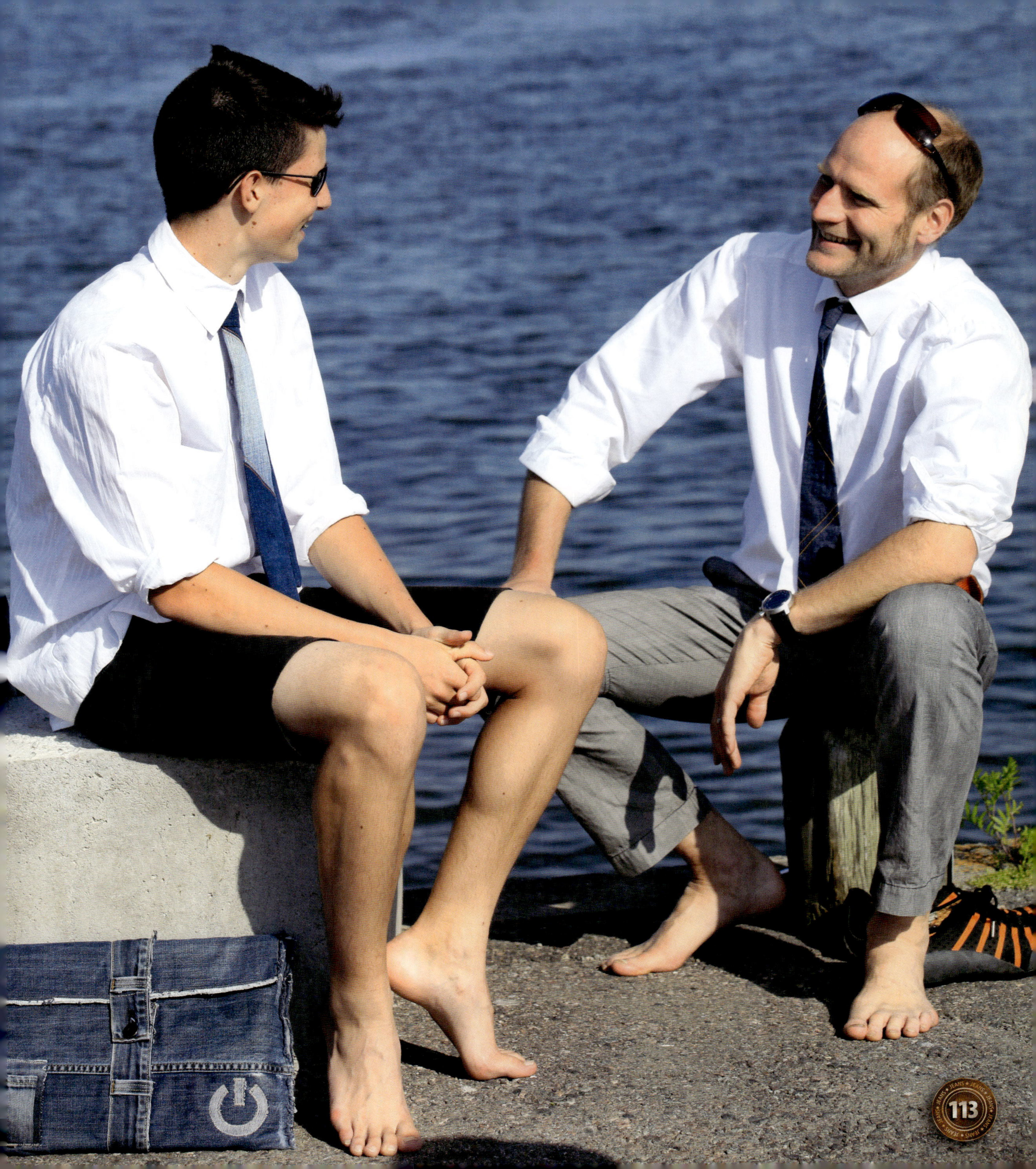

A

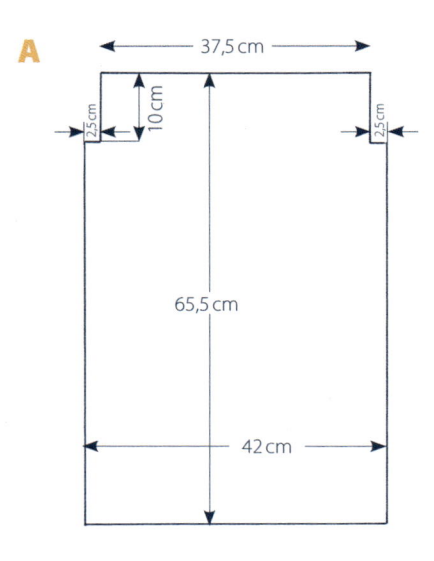

37,5 cm
2,5 cm
10 cm
2,5 cm
65,5 cm
42 cm

- Außenhülle 1 x
- Innenhülle 1 x
- Volumenvlies 1 x rundum 0,5 cm kleiner zuschneiden

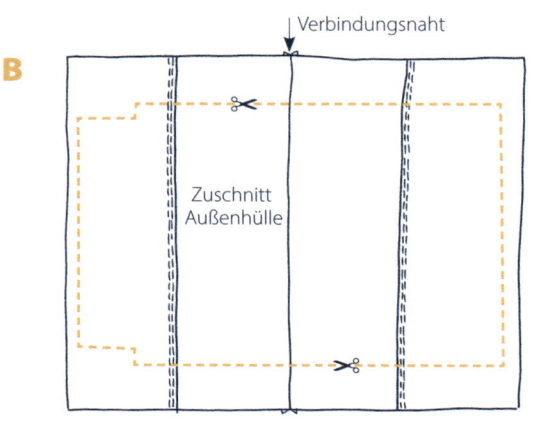

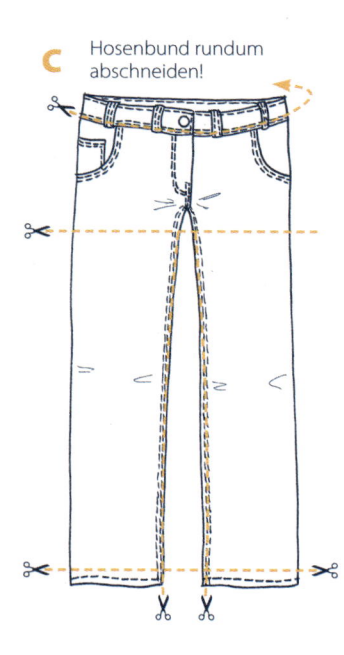

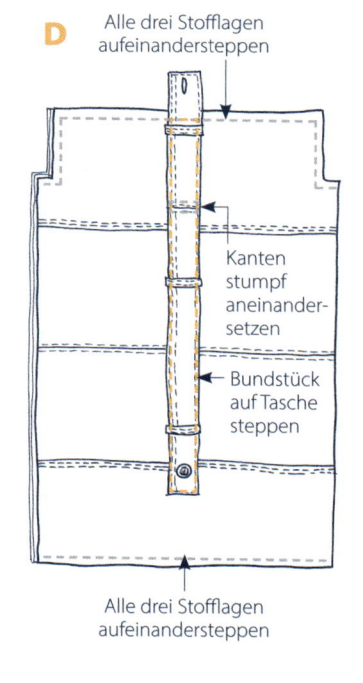

B

Verbindungsnaht

Zuschnitt Außenhülle

C Hosenbund rundum abschneiden!

D Alle drei Stofflagen aufeinandersteppen

Kanten stumpf aneinandersetzen

Bundstück auf Tasche steppen

Alle drei Stofflagen aufeinandersteppen

LAPTOPTASCHE

Hier wird wertvoller Inhalt lässig verpackt. Die Laptoptasche aus einer alten Jeans hat fransige Kanten, einen originellen Verschluss und zwei Außentaschen für einen USB-Stick und ein Aufladegerät. Was will man mehr!

GRÖSSE
Höhe: 28 cm, Breite: 40 cm, Tiefe: 2,5 cm
Passend für einen Laptop mit den Maßen: Höhe: 25 cm, Breite: 37 cm, Tiefe: 2,4 cm

TIPP
Der Schnitt ist so einfach, dass er sich problemlos an andere Taschenmaße anpassen lässt.

ZUSCHNITT (Höhe x Breite)
Außenhülle (70 x 45 cm)   1 x aus alter Jeans
Innenfutter (70 x 45 cm)   1 x aus Jeansstoff
Einlage (70 x 44 cm)   1 x aus Volumenvlies

Das Schnittmuster (siehe Zeichnung A) auf Papier übertragen. Beide Hosenbeine ca. 50 cm oberhalb der Säume abschneiden (siehe Zeichnung C) und an der Innen- oder Außenbeinnaht aufschneiden. Die schönere Doppelnaht sollte als schmückendes Element erhalten bleiben. Die beiden Stoffstücke rechts auf rechts zusammensteppen. Die Nahtzugaben auseinanderbügeln und die Naht von rechts beidseitig absteppen. Die Außenhülle zuschneiden (siehe Zeichnung B). Den gesamten Hosenbund abschneiden (Zeichnung C), eine Gesäßtasche abtrennen und die kleine Münztasche (falls vorhanden) aus der vorderen Tasche herausschneiden.

NAHTZUGABEN
In den Zuschnitten ist 0,5 cm Nahtzugabe enthalten. Das Volumenvlies wird ohne Nahtzugabe zugeschnitten.

ANLEITUNG
1. Das Volumenvlies mit 0,5 cm Abstand zu den Kanten von links auf das Innenfutter aufbügeln. Das Futter links auf links auf die Außenhülle heften (sodass das Vlies innen liegt) und aufsteppen (siehe Zeichnung D).
2. Die Tasche zusammenfalten und die Taschenklappe nach unten bügeln. Den Hosenbund fixieren: Das Teil mit Knopfloch so an die Klappe heften, dass das Ende 6 cm übersteht. Den Bund zuknöpfen und das Bundstück mit Knopf so auf die Taschenvorderseite heften, dass die Klappe sauber schließt. Die Tasche wieder aufklappen und glatt auf den Tisch legen. Den Bund an einer geeigneten Stelle auf der Rückseite auf die passende Länge kürzen, sodass die Kanten stumpf aneinanderstoßen. Die Bundstücke gemäß Zeichnung D auf die Tasche steppen.
3. Vliesofix von rechts auf ein Stück Jeansstoff aufbügeln. Das Motiv (Zeichnung E) auf den Stoff (oder mit Bleistift auf das Vliesofixpapier) übertragen und ausschneiden. Das Trägerpapier abziehen, das Motiv aufbügeln und mit Zickzackstich aufsteppen.
4. Die Gesäßtasche auf der Rückseite, die Münztasche auf der Vorderseite der Laptoptasche platzieren und feststeppen.
5. Die Tasche links auf links zusammenklappen, die Seitennähte heften und steppen.
6. Die Tasche waschen und heraushängende Fädchen nach dem Trocknen abschneiden.

Männersachen

E   100 %

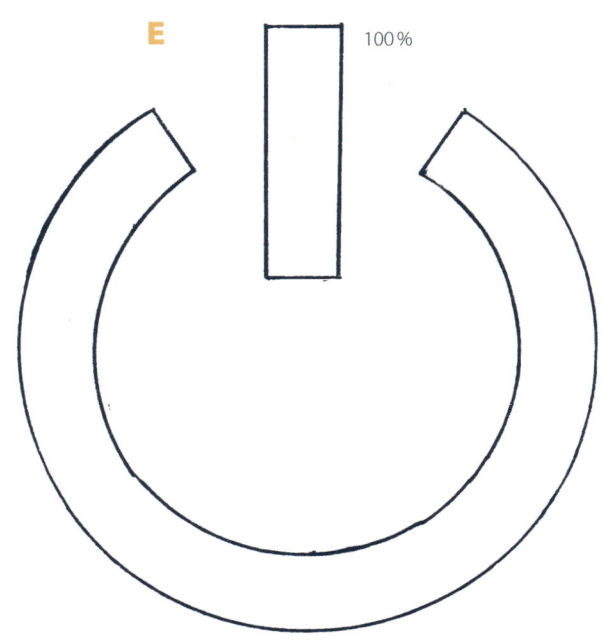

- ★ 1 Herrenjeans
- ★ Jeansstoff
- ★ Volumenvlies zum Aufbügeln
- ★ Vliesofix für die Applikation
- ★ Beigefarbenes Ziergarn

Material

Männersachen

JEANSKRAWATTEN

Warum nicht Jeans zur Jeans tragen? Eine Krawatte aus Jeansstoff wirkt cool und individuell und ist das perfekte Geschenk für Trendsetter!

GRÖSSE
Breite an der breitesten Stelle: 8 cm

ZUSCHNITT
(Schnittmusterbogen 1, bei doppelter Stofflage); Schnitt als Download unter www.haupt.ch/allesjeans/ verfügbar.

Krawattenteil 1	1 x
Krawattenteil 2	1 x
Besatz 1	1 x
Besatz 2	1 x

NAHTZUGABEN
In den Zuschnitten sind 0,5 cm Nahtzugabe enthalten.

ANLEITUNG

1. Beide Krawattenteile gemäß Zeichnung A rechts auf rechts aufeinanderlegen und zusammensteppen. Die Nahtzugaben auseinanderbügeln und an den Ecken zurückschneiden.
2. Die Ziernähte mit Schneiderkreide auf die rechte Seite übertragen und mit Ziergarn steppen.
3. Die Besätze rechts auf rechts an das obere und untere Ende der Krawatte heften und an den schrägen Kanten aufsteppen. Die Nahtzugaben an der Spitze 0,2 cm zurückschneiden (Zeichnung B). Besätze auf rechts wenden und die Kanten ausbügeln.
4. Krawatte rechts auf rechts der Länge nach falten und heften. Die Längskanten aufeinandersteppen. Nahtzugaben auseinanderbügeln.
5. Krawatte nach rechts wenden. Das gelingt am besten mit einer großen Sicherheitsnadel, die Sie am schmalen Ende der Krawatte befestigen. Ziehen Sie die Sicherheitsnadel Stück für Stück durch das Innere der Krawatte, bis Sie am breiten Ende wieder herauskommt, und ziehen Sie dann das kurze Ende komplett weiter durch, bis die Krawatte komplett nach rechts gewendet ist.
6. Die Krawatte leicht bügeln; die Kanten und Ecken sollen nicht platt gedrückt werden.

Männersachen

★ **Jeansstoff:** 100 x 45 cm
★ **Ziergarn** in zwei Farben
★ **Nähgarn** in passendem Farbton

Material

Krawattenteil 1

Krawattenteil 2

Besatz 2

Besatz 1

A

Krawattenteil 2
rechte Stoffseite

Krawattenteil 1
linke Stoffseite

Zusammen-
steppen

Männersachen

B

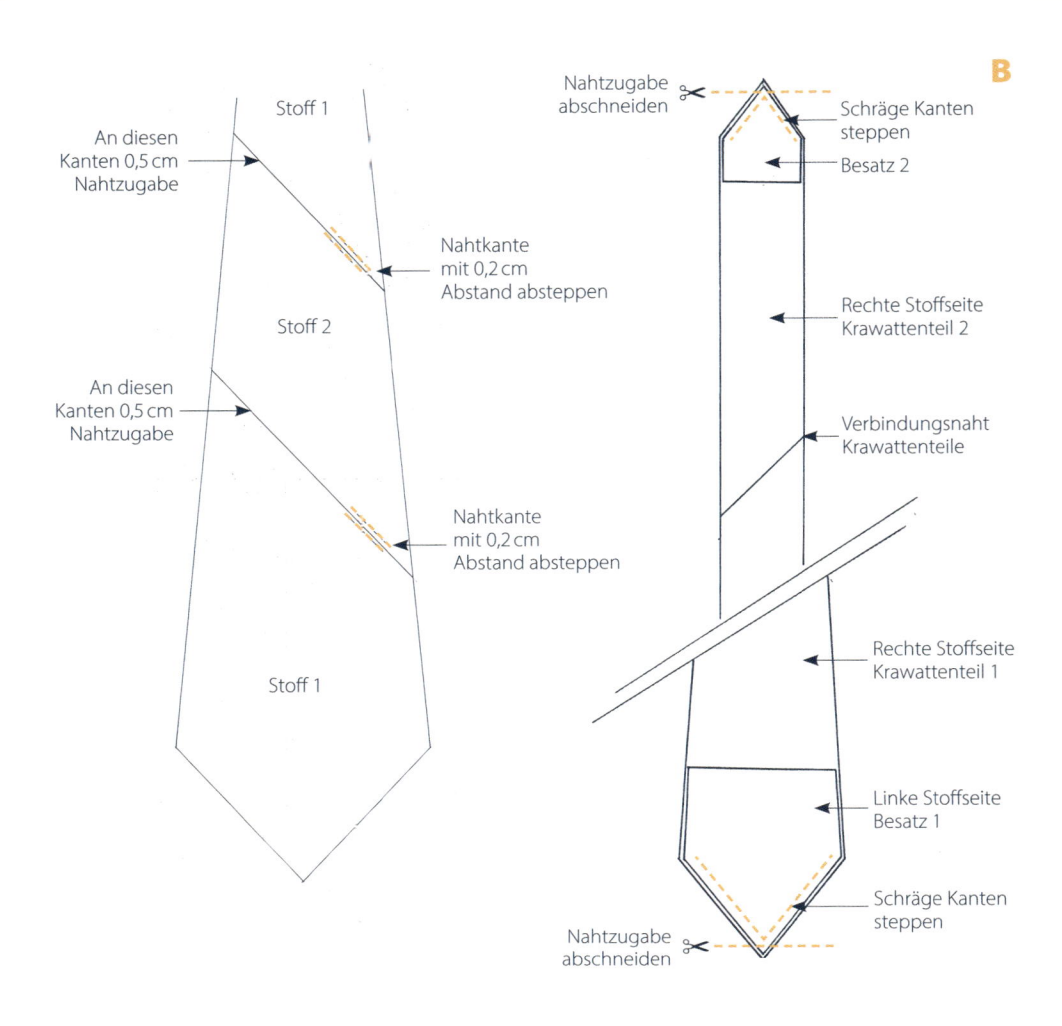

Stoff 1

An diesen Kanten 0,5 cm Nahtzugabe

Nahtkante mit 0,2 cm Abstand absteppen

Stoff 2

An diesen Kanten 0,5 cm Nahtzugabe

Nahtkante mit 0,2 cm Abstand absteppen

Stoff 1

Nahtzugabe abschneiden

Schräge Kanten steppen

Besatz 2

Rechte Stoffseite Krawattenteil 2

Verbindungsnaht Krawattenteile

Rechte Stoffseite Krawattenteil 1

Linke Stoffseite Besatz 1

Schräge Kanten steppen

Nahtzugabe abschneiden

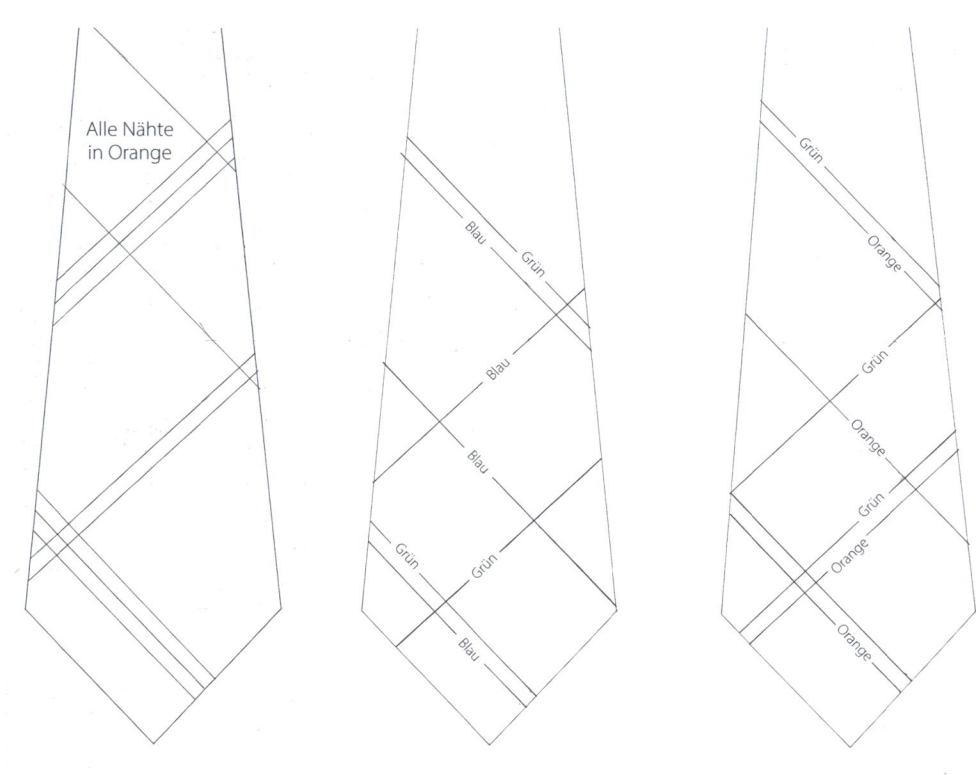

Alle Nähte in Orange

Blau — Grün
Blau
Blau
Grün — Grün
Blau

Grün
Orange
Grün
Orange
Grün
Orange
Orange

Männersachen

120

JEANSSCHÜRZE 🖈 🖈

Back to the roots … Jeans waren ursprünglich reine Arbeitshosen und sind ungeheuer strapazierfähig – ein geeignetes Ausgangsmaterial für Arbeitskleidung aller Art. Diese Jeansschürze hat einen praktischen Tunnelzug und große, breite Taschen für Werkzeug und allerlei Kleinkram. Außerdem sieht sie so lässig aus, dass man immer damit rechnen muss, dass andere Familienmitglieder sie sich ausleihen – etwa zum Kochen (siehe Seite 126).

GRÖSSE
Länge: 100 cm (Einheitsgröße für Erwachsene, kann individuell angepasst werden)
Breite unterer Rand: 80 cm, Breite Latz: 30 cm

ZUSCHNITT
Schnitt als Download unter www.haupt.ch/allesjeans/ verfügbar.

Schürze (Schnittmusterbogen 1)	1 x aus Jeansstoff
Beleg für den Tunnel (Schnittmusterbogen 1)	2 x aus Jeansstoff
Tasche (Schnittmusterbogen 2)	1 x aus Jeansstoff

TIPP
Sollte der gekaufte Stoff nicht breit genug sein für die Tasche, können Sie diese aus 2 Stoffstücken (à 26 x 37 cm) zusammensetzen.
Das Schnittmuster von links auf den Stoff legen und die Schürze zuschneiden.
Sämtliche Markierungen (z. B. für die Teilungsnähte) auf den Stoff übertragen.

NAHTZUGABEN
Alle Nahtzugaben sind in den Zuschnitten enthalten.

★ Fester Jeansstoff: 100 cm
★ Webband / Nahtband (als Bindeband): 2 x 300 cm
★ Heller Jeansstoff (Stoffrest oder ein Stück Hosenbein einer abgelegten Kinderjeans)
★ Vliesofix
★ Nähgarn in passendem Farbton

Material

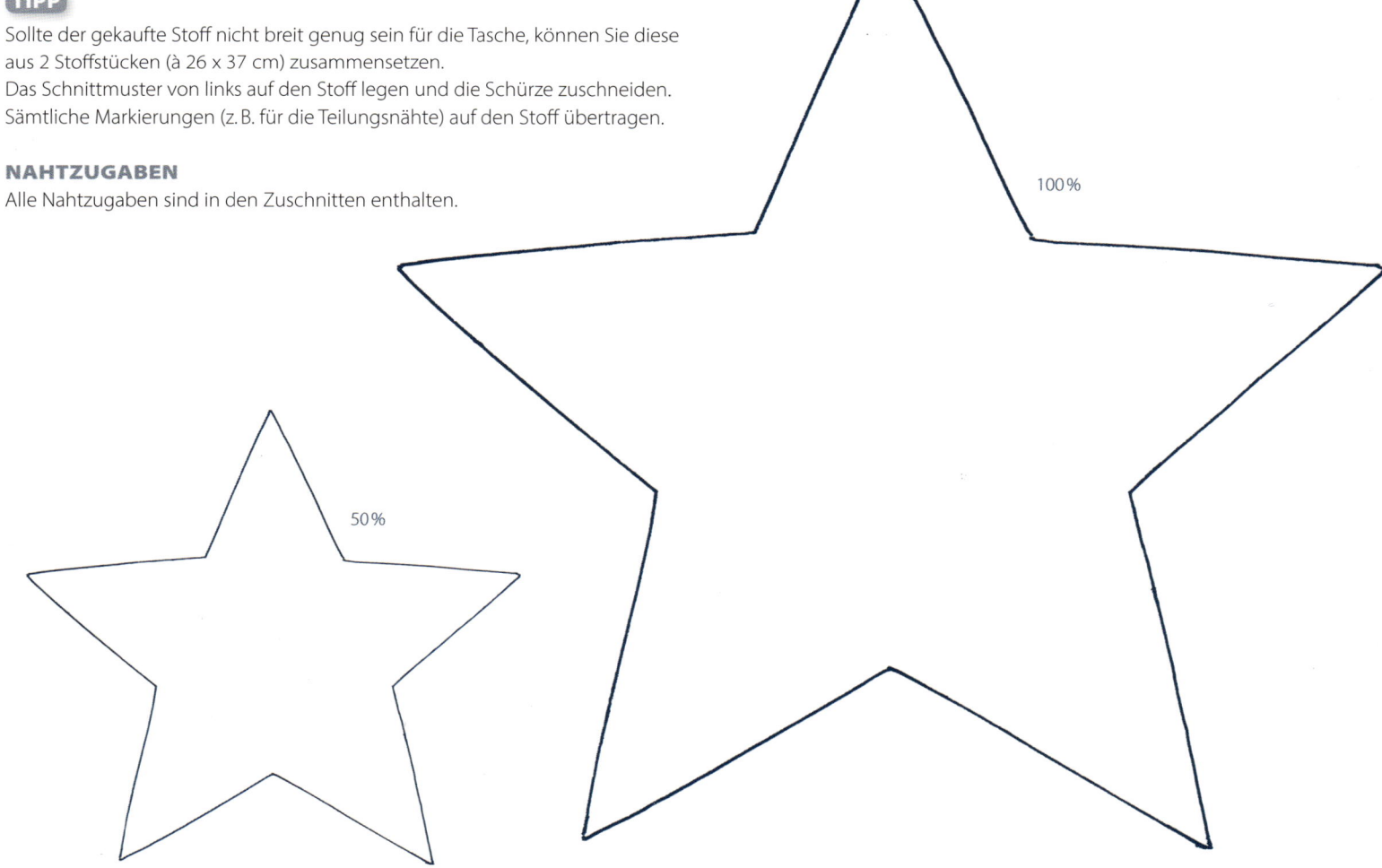

50 %

100 %

Männersachen

1

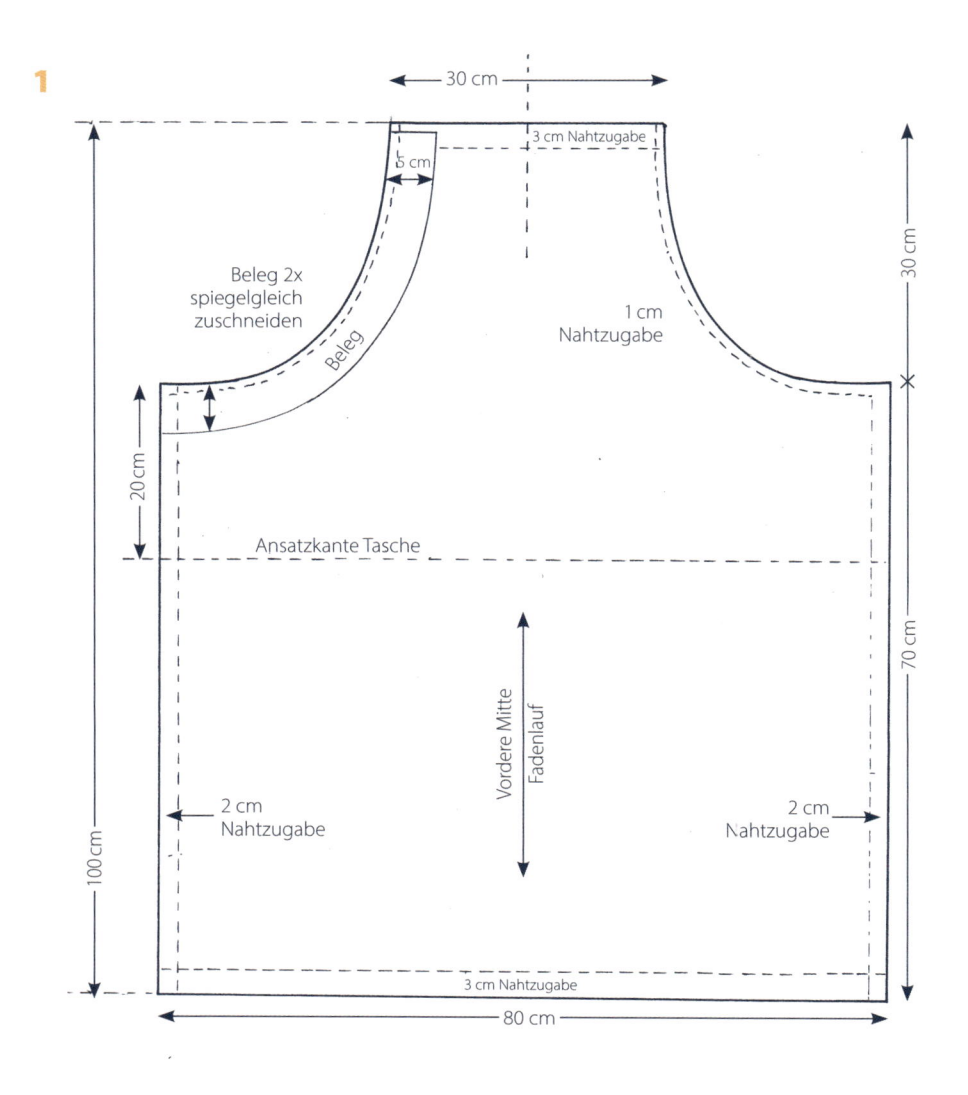

- 30 cm
- 3 cm Nahtzugabe
- 5 cm
- Beleg 2x spiegelgleich zuschneiden
- Beleg
- 1 cm Nahtzugabe
- 30 cm
- 20 cm
- Ansatzkante Tasche
- Vordere Mitte / Fadenlauf
- 70 cm
- 2 cm Nahtzugabe
- 2 cm Nahtzugabe
- 100 cm
- 3 cm Nahtzugabe
- 80 cm

2

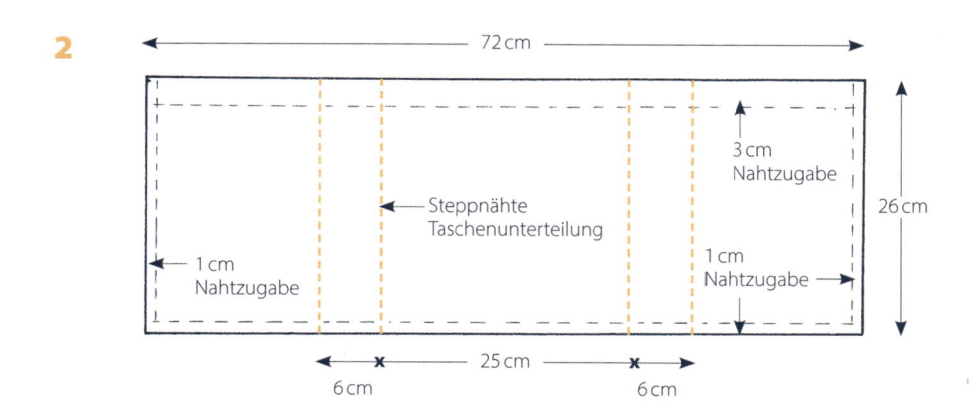

- 72 cm
- 3 cm Nahtzugabe
- Steppnähte Taschenunterteilung
- 26 cm
- 1 cm Nahtzugabe
- 1 cm Nahtzugabe
- 6 cm — 25 cm — 6 cm

Männersachen

ANLEITUNG

1. Auf den hellen Jeansstoff von links Vliesofix aufbügeln. Alle Kanten der Schürze – ausgenommen die Belegkanten – mit Zickzackstich versäubern. Die Seitenkanten 2 cm breit nach links umbügeln, knappkantig steppen und steppfußbreit absteppen.
2. Den Saum 3 cm breit nach links umbügeln und knappkantig feststeppen. Die obere Kante (Latz) ebenfalls 3 cm breit nach links umbügeln, knappkantig feststeppen und steppfußbreit absteppen.
3. Die Enden und die äußere (= längere) Kante der Belege mit Zickzackstich versäubern. Die Enden 2 cm nach links umbügeln und knappkantig feststeppen.
4. Die Schürze mit der rechten Stoffseite nach oben auf den Tisch legen. Die Belege rechts auf rechts an die Kanten heften und knappkantig feststeppen. Die Nahtzugaben auseinanderbügeln.
5. Die Belege um die Kante legen, sauber aufeinanderbügeln, von rechts knappkantig feststeppen und steppfußbreit absteppen.
6. Die obere Taschenkante mit Zickzackstichen versäubern, 3 cm nach links umbügeln, knappkantig feststeppen und steppfußbreit absteppen.
7. Die restlichen Taschenkanten 1 cm nach links umbügeln. Die Tasche auf die Schürze heften (siehe Schnittmusterbogen 1), feststeppen und die Nähte absteppen. Die Teilungsnähte steppen (siehe Schnittmusterbogen 2). Beginn und Ende der Nähte mit Rückstichen sichern.
8. Für die Applikation das Sternmotiv (Zeichnung auf Seite 121) auf den Jeansstoffrest übertragen. Das Motiv ausschneiden, das Trägerpapier abziehen, den Stern mittig auf den Latz bügeln und mit kontrastfarbigem Garn im Zickzack- oder Geradstich aufsteppen.
9. Das Bindeband durch die Tunnel ziehen. Die Bandenden doppelt einschlagen und steppen.

Männersachen

- ★ 1 abgetragene Jeanshose
- ★ Reißverschluss: 20 cm
- ★ Ziergarn in passendem Farbton

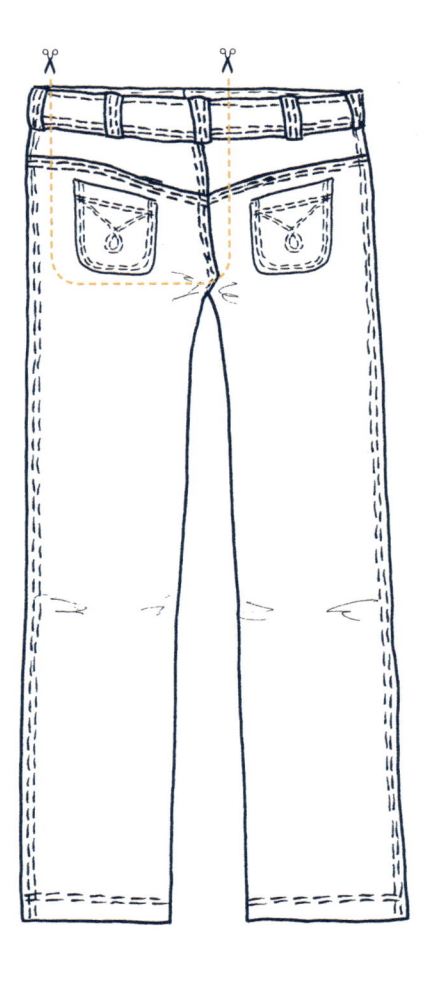

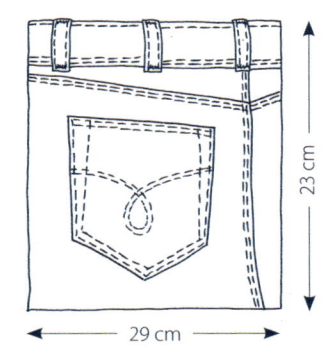

Material

GÜRTELTASCHE

Ist Ihnen schon einmal aufgefallen, dass sich am Innenbund einer Jeans oft tolle Aufdrucke, Zierbänder oder Etiketten verstecken? Hier bekommen sie ihren großen Auftritt! In der Gürteltasche lassen sich Schlüssel, Kleingeld, Taschenmesser und sonstiger Kleinkram unterbringen, den man schnell zur Hand haben möchte. Sie besteht aus einem rechteckigen Stück Stoff, das mitsamt dem Bund aus einer alten Jeans ausgeschnitten wird. Die Kanten bleiben unversäubert und sorgen für ein lässiges Erscheinungsbild.

GRÖSSE
Kann individuell festgelegt werden. Die abgebildete Gürteltasche ist 23 cm breit und 17 cm lang.

ZUSCHNITT
Aus dem rückwärtigen Teil einer Jeans ein rechteckiges Stoffstück in den angegebenen Maßen ausschneiden (siehe Zeichnung).

NAHTZUGABEN
In den Zuschnitten ist eine Nahtzugabe von 0,5 cm enthalten.

ANLEITUNG
1. Die Gesäßtasche abtrennen. Die kleine Münztasche aus dem vorderen Teil der Jeans heraustrennen (oder eine andere kleine Jeanstasche verwenden).
2. Die untere Kante des rechteckigen Stoffstücks zunächst 1 cm nach links umbügeln. Dann die untere Kante links auf links so nach oben klappen, dass die Falzkante direkt unterhalb des Bundstücks liegt. Die Kanten gut bügeln. Die unteren Ecken mithilfe eines Gegenstands mit rundem Boden (Glas, Garnrolle, Deckel) abrunden.
3. Die Positionen des Reißverschlusses (z. B. 2 cm unterhalb der Falzkante in der Mitte) und der Münztasche festlegen und mit Schneiderkreide anzeichnen.
4. Die Tasche wieder auseinanderklappen.
5. Den Reißverschluss einsetzen: Die Öffnung anzeichnen (Länge des Reißverschlusses minus 2 cm, Höhe minus 1 cm) und ausschneiden. Den Reißverschluss unter die Öffnung heften und von rechts mit dem Reißverschlussfuß einsteppen.
6. Die Münztasche anheften und feststeppen.
7. Die Tasche wieder links auf links zusammenklappen und die Kanten heften. Überprüfen Sie, ob die Gürtelschlaufen auf der anderen Bundseite im Weg sind – manchmal sind sie nicht nur am Bund, sondern auch auf der Hose festgesteppt. Sollte das der Fall sein, trennen Sie diese untere Naht auf, und fixieren Sie die Schlaufen (z. B. mit Stecknadeln) so, dass sie beim Steppen nicht stören.
8. Zuerst die obere Naht steppen (Anfang und Ende gut verriegeln!), dann die Seitennähte schließen (an den gerundeten Kanten 1–2 cm weitersteppen und die Naht ebenfalls gut verriegeln).
9. Sollten die vorhandenen Gürtelschlaufen nicht ausreichen, um die Tasche so am Gürtel zu befestigen, dass sie gut sitzt, trennen Sie einfach eine weitere Gürtelschlaufe vom Jeansbund ab, und steppen Sie sie auf.

Männersachen

Männersachen

126

Zusammen kochen

Was gibt es Schöneres, als sich am Abend in der Küche zu treffen und zusammen zu kochen? Die Arbeitsschürze des Vaters eignet sich übrigens auch ganz prima für die Arbeit am Herd!

★ Weißes T-Shirt
★ Feste Schnüre
★ Jeansblaue Batikfarbe
★ Jeansstoff für die Applikation
★ Vliesofix
★ Nähgarn in passendem Farbton
★ Jerseynadel für die Nähmaschine

Material

Zusammen kochen

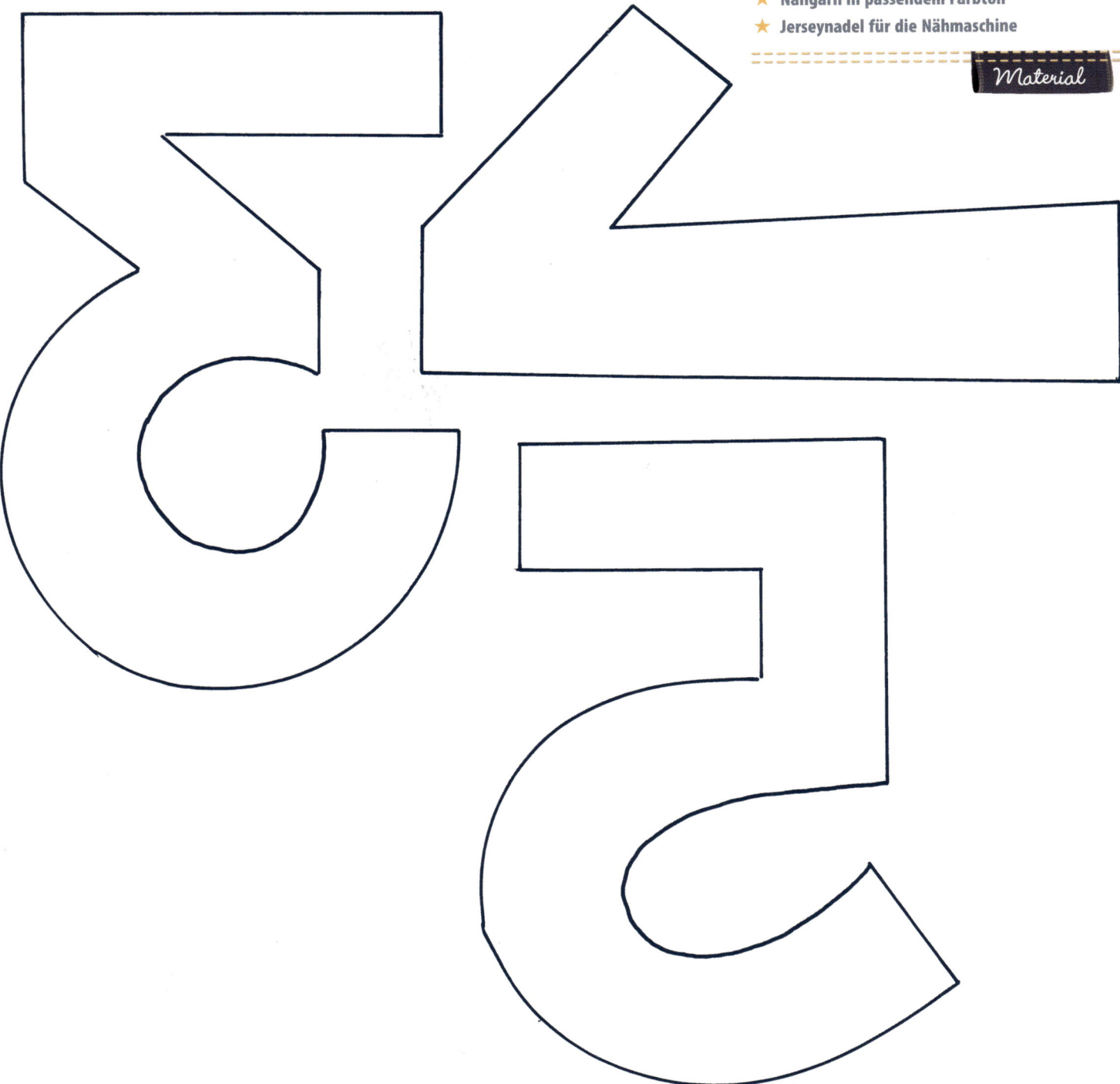

BATIKSHIRTS

Ganz gewöhnliche weiße T-Shirts in Abbindetechnik jeansblau zu batiken und anschließend mit einer Applikation aus Jeansstoff zu verzieren, ist spannend und macht großen Spaß. Das Ergebnis fällt jedes Mal ein wenig anders aus. Mit diesem Look liegen Sie voll im Trend!

BATIKEN

Das T-Shirt beliebig verknoten oder mit Schnüren abbinden und nach Anleitung entweder in der Waschmaschine oder von Hand im Eimer färben. Die Schnüre entfernen und das T-Shirt nochmals waschen, trocknen lassen und bügeln.

APPLIZIEREN

Vliesofix von links auf den Jeansstoff aufbügeln. Die Motive (siehe Zeichnung auf Seite 128) auf den Stoff oder das Trägerpapier übertragen und ausschneiden. Das Trägerpapier abziehen und das Motiv auf das T-Shirt bügeln. Die Jerseynadel in die Nähmaschine einsetzen und die Applikation nach Belieben mit Zickzack- oder Geradstich Ton in Ton oder mit kontrastfarbigem Garn absteppen.

JEANSSCHÜRZE

Die Anleitung für die Jeansschürze finden Sie auf Seite 121–123 bei den Männersachen. Mit den verstellbaren Bändern lässt sich die Schürze jeder Körpergröße anpassen.

Zusammen kochen

JEANSTISCHDECKE

Schlicht, aber wirkungsvoll – eine Tischdecke aus Jeansstoff ist strapazierfähig, nimmt nichts übel und sieht super aus! Der Untersetzer ist ein Unikat aus meinem letzten Buch – er passte so gut zu dem Foto, dass ich ihn hier noch einmal zeigen wollte.

ANLEITUNG

Die Tischplatte ausmessen, zu Länge und Breite je 34 cm addieren. Den Jeansstoff entsprechend zuschneiden. Alle Kanten doppelt einschlagen (je 1 cm), bügeln, heften und knappkantig steppen.

★ 8 Seitennähte aus Jeanshosenbeinen
(Sie brauchen also 2 Jeans)
★ Tropffreier Klebstoff

Material

UNTERSETZER

GRÖSSE
Durchmesser: 20 cm, Höhe: ca. 1 cm

TIPP
Wer keine Jeansreste hat und auch keine Jeans nur für dieses Projekt zerschneiden möchte, kann 1 cm breite Stoffstreifen aus gekauftem Jeansstoff oder Filz zuschneiden. Bei dieser Verfahrensweise ist allerdings weitaus mehr Geduld gefragt, denn je dünner der Stoff, desto länger dauert das Rollen und Kleben!

ANLEITUNG
Die Jeansnähte sauber ausschneiden. Einen Streifen einseitig mit Klebstoff bestreichen und zu einer Schnecke rollen. Weitere Streifen ansetzen, bis der gewünschte Durchmesser erreicht ist. Eine Schlaufe aus einem Stück Jeansstoff legen, unter das Ende des letzten Streifens stecken und alles fest verkleben. Heraushängende Fädchen mit der Schere abschneiden.

Zusammen kochen

Ausgehen

Mit der Jeans in die Oper? Unbedingt!

Ausgehen

DAS «KLEINE BLAUE»

Mit der Jeans in die Oper? Selbst eine gewöhnliche Jeans gilt heutzutage durchaus als «chic», doch mit einem festlichen Jeanskleid machen Sie wesentlich mehr Furore. Eine Clutch aus demselben Stoff ist das perfekte Accessoire.

SCHNITT ERSTELLEN

Als Muster benötigen Sie ein einfaches, gut sitzendes, aber nicht zu enges Kleid aus T-Shirt-Stoff ohne Formnähte, ohne Ärmel und ohne Verschluss. Außerdem brauchen Sie Schnittmusterpapier oder Packpapier, zur Not auch Zeitungspapier, Geodreieck, Lineal, Maßband, Bleistift und Schere.
Erstellen Sie einen Papierschnitt (siehe «Grundlegende Techniken …»). Vorder- und Rückenteil sollten bis auf den Halsausschnitt identisch sein. Selbstverständlich können Sie auch einen einfachen Fertigschnitt verwenden (z. B. aus einer Nähzeitschrift).

ZUSCHNITT

Vorderteil und Rückenteil schräg zum Fadenlauf (im 45-Grad-Winkel) aus dem Jeansstoff zuschneiden.
Die Länge des Armausschnitts und des gesamten Halsausschnitts messen und Schrägband zuschneiden:
2 x in der Länge des Armausschnitts + 2,5 cm
1 x in der Länge des Halsausschnitts + 2,5 cm
Die Breite der Bänder richtet sich nach dem Schrägbandformer (für einen 18-mm-Schrägbandformer muss das Band 36 mm breit zugeschnitten werden). Bei schrägem Zuschnitt bleibt immer viel Stoff übrig – verwenden Sie die Reste für eine passende Clutch!

NAHTZUGABEN

An den Seitennähten jeweils 1,5 cm Nahtzugabe und am Saum 3 cm Saumzugabe zugeben. Halsausschnitt und Armausschnitte ohne Nahtzugabe zuschneiden.

ANLEITUNG

1. Vorder- und Rückenteil an den seitlichen Kanten und den Schultern mit Zickzackstich versäubern.
2. Die Teile rechts auf rechts heften, Seiten- und Schulternähte schließen. Die Nahtzugaben auseinanderbügeln und das Kleid nach rechts wenden.
3. Den Saum 3 cm nach links umbügeln, die Kante 1 cm nach innen einschlagen und knappkantig feststeppen. Wenn Sie wie bei dem Kleid auf dem Foto ein Gummiband in den Saum einziehen möchten, lassen Sie am Ende der Naht eine 2 cm lange Öffnung. Das Gummiband einfädeln, in der gewünschten Länge zusammensteppen und die Öffnung schließen.
4. Die Armausschnitte und den Halsausschnitt mit Schrägband einfassen. Den Anfang des Schrägbands 1 cm nach innen umbügeln. An der Seitennaht bzw. einer Schulternaht beginnend, das Schrägband rechts auf rechts an die Ausschnittkante heften. Das Bandende 1 cm unter den Anfang schieben. Das Schrägband 1 mm rechts neben dem Falz feststeppen, um die Kante nach links falten und an der Innenseite des Ausschnitts von Hand annähen (die Stiche dürfen auf der rechten Stoffseite nicht zu sehen sein).

TIPP

Wenn Sie Jeansstoff mit Elasthananteil kaufen, können Sie das Kleid im Fadenlauf zuschneiden.

★ **Leichter, dünner Jeansstoff**
(Sie benötigen genügend Stoff, um die Schnittteile schräg zum Fadenlauf und zusätzlich Schrägband für Hals- und Armausschnitte zuschneiden zu können. Im Zweifel nehmen Sie Ihren Schnitt mit ins Stoffgeschäft und lassen sich dort beraten.)

★ **Schrägbandformer:**
18 mm (fertige Breite: 9 mm)
oder 12 mm (fertige Breite: 6 mm)

★ **Nähgarn in passendem Farbton**

Material

Ausgehen

CLUTCH

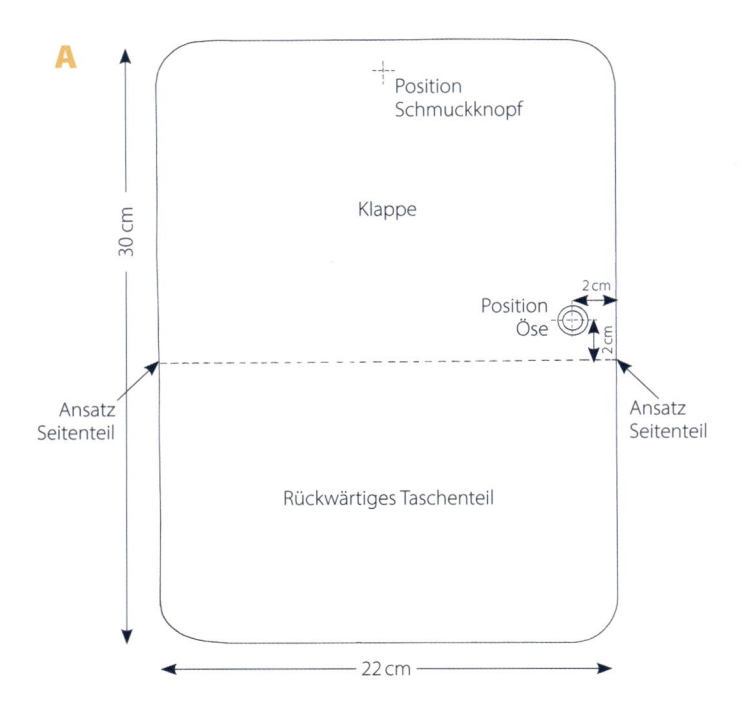

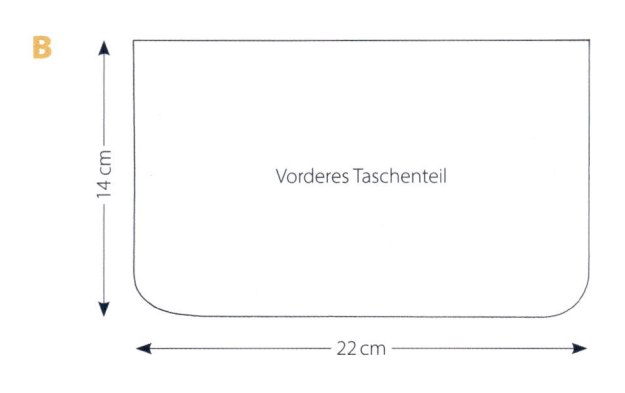

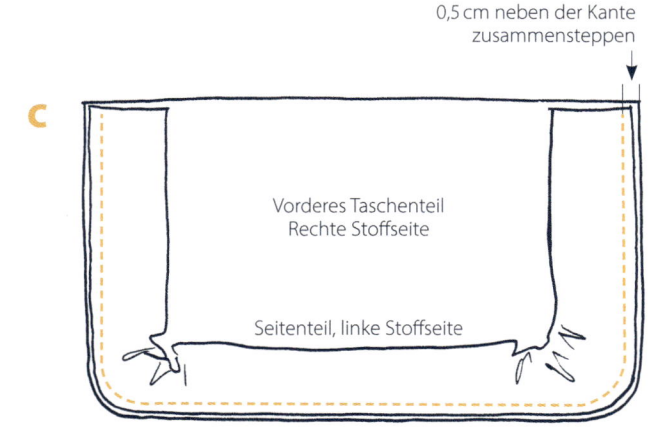

Das perfekte Accessoire zum «kleinen Blauen»! Die Verwandtschaft zu den Klappentaschen auf den Seiten 18–21, 24–27 und 68–69 sieht man der festlichen Clutch erst auf den zweiten Blick an!

GRÖSSE
Höhe: 15 cm, Breite: 20 cm, Tiefe: 4 cm

ZUSCHNITT

Rückwärtiges Taschenteil inkl. Klappe (Zeichnung A)	2 x aus Jeansstoff, 1 x aus Vliesofix 1 x aus Vlieseinlage
Vorderes Taschenteil (Zeichnung B)	2 x aus Jeansstoff, 1 x aus Vliesofix 1 x aus Vlieseinlage
Seitenteil (5 x 47 cm)	2 x aus Jeansstoff, 1 x aus Vliesofix 1 x aus Vlieseinlage
Tragriemen (5 x 50 cm)	1 x aus Jeansstoff
Schrägband: 80 cm	

NAHTZUGABEN
Die Nahtzugaben sind in den Zuschnitten enthalten und werden im Text gesondert erwähnt.

ANLEITUNG

1. Die äußeren Schnittteile von links mit Vlieseinlage verstärken. Auf alle Taschenfutterteile (ausgenommen den Tragriemen) von links Vliesofix aufbügeln. Die Trägerpapiere abziehen und die Futterteile passgenau von links auf die äußeren Schnittteile bügeln. Alle Kanten zusammen mit Zickzackstich versäubern.
2. Das Seitenteil rechts auf rechts an das Taschenvorderteil heften und mit 0,5 cm Nahtzugabe feststeppen. Das gelingt am besten, wenn das Vorderteil glatt auf dem Nähmaschinentisch liegt und das Seitenteil darübergelegt wird (siehe Zeichnung C). Die Nahtzugaben auseinanderbügeln.
3. Das Seitenteil rechts auf rechts an das Taschenrückenteil heften und von Ansatzpunkt zu Ansatzpunkt mit 0,5 cm Nahtzugabe feststeppen (siehe Zeichnung A). Die Nahtzugaben auseinanderbügeln und die Tasche nach rechts wenden.
4. Den Eingriff und die Klappe mit Schrägband einfassen. Dazu das Schrägband aufklappen und rechts auf rechts von außen an die Kante heften. Das Ende 1 cm nach links falten und beim Schließen der Runde 1 cm überlappen lassen. Das Schrägband 1 mm rechts von der Falzkante feststeppen, um die Kante legen und von Hand mit unsichtbaren Stichen annähen.
5. Die Öse gemäß Zeichnung A nach Anleitung in die Taschenklappe einschlagen.
6. Die langen und die kurzen Kanten des Tragriemens 1 cm nach links umbügeln. Den Stoffstreifen der Länge nach falten, bügeln und die Kanten knappkantig zusammensteppen. Die Enden durch die Öse fädeln und verknoten.
7. Den Knopf nach Anleitung mit Jeansstoff beziehen, mit Strasssteinen bekleben und als Schmuckelement auf die Taschenklappe nähen (siehe Zeichnung A).

- ★ **Jeanshemdenstoff:** 30 cm (ohne Schrägbandzuschnitt) + 70 cm für Schrägband (am besten die Stoffreste, die beim Zuschnitt des Jeanskleids übrig geblieben sind, verwenden)
- ★ **Schrägbandformer:** 18 mm (fertige Breite: 9mm)
- ★ **Feste Vlieseinlage zum Aufbügeln:** 25 cm
- ★ **Vliesofix:** 25 cm
- ★ **Öse mit Scheibe in Silber** (Innendurchmesser: 10 mm)
- ★ **Knopf zum Beziehen:** 30 mm
- ★ **Strasssteine zum Aufkleben** (oder schöner Knopf oder Brosche)
- ★ **Dunkelblaues Nähgarn**

Material

Ausgehen

FLIEGE

Dresscode für feine Feiern: Einfach mal Fliege tragen!

ZUSCHNITT

Rechteck (15 x 28 cm)	1 x aus Jeansstoff
Streifen (6,5 x 22 cm)	1 x aus Jeansstoff

NAHTZUGABEN

In den Zuschnitten ist 1 cm Nahtzugabe enthalten.

ANLEITUNG

1. Das Rechteck an einer Schmalseite 1 cm nach links umbügeln, wieder aufklappen, der Länge nach rechts auf rechts falten und die Längskante zusammensteppen. Den Schlauch nach rechts wenden. Die umgebügelte Kante am Falz nach innen klappen und nochmals bügeln. Den Schlauch wie in Zeichnung A zu einem Ring legen und das umgebügelte offene Ende des Schlauches 1 cm über das andere schieben. Den Ring doppelt flach aufeinanderlegen und die ineinandergezogenen Enden mittig auf der Fliege feststeppen (Zeichnung B).
2. Die Enden des Stoffstreifens 1 cm nach links umbügeln und wieder aufklappen. Den Stoffstreifen der Länge nach rechts auf rechts falten und die Längskanten zusammensteppen. Das Band nach rechts wenden und die offenen Kanten 1 cm nach innen falzen.
3. Das Band so um die Fliege knoten, dass die Mittelnaht verdeckt wird. Das Gummiband auf die passende Länge schneiden, jeweils 1 cm in die offenen Enden des Bands schieben und diese knappkantig zusammensteppen. Das Gummiband wird dabei mitgefasst.

A

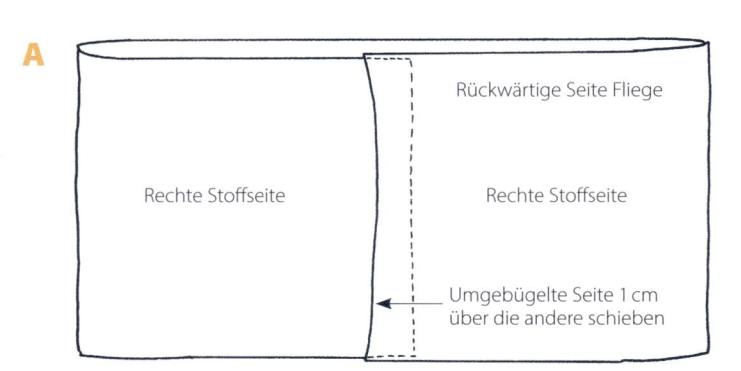

Rückwärtige Seite Fliege

Rechte Stoffseite

Rechte Stoffseite

← Umgebügelte Seite 1 cm über die andere schieben

B

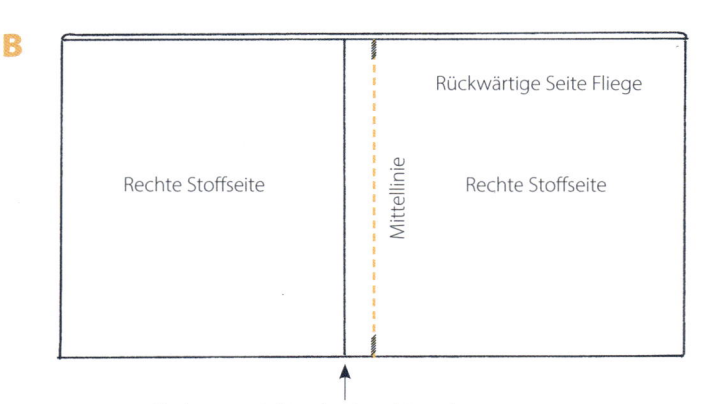

Rückwärtige Seite Fliege

Rechte Stoffseite | Mittellinie | Rechte Stoffseite

↑ Alle Lagen mit Geradstich aufeinandersteppen

Ausgehen

★ Dünner Jeansstoff
★ Gummiband: 0,7–10 mm, 30 cm
★ Nähgarn in passendem Farbton

Material

Ausgehen

RING

- ★ Jeansstoff: 1 Stoffstück à 6 x 9 cm
- ★ 1 silberner Knopf
- ★ 1 Strassstein zum Aufkleben
- ★ Silberfarbenes Nähgarn
- ★ Dunkelblaues Nähgarn

Material

ANLEITUNG

Alle Kanten des Stoffstücks 1 cm nach links umbügeln. Das Stoffstück der Länge nach falten und rundum knappkantig steppen. Den Knopf mit silberfarbenem Garn aufnähen und den Strassstein aufkleben. Die Enden des Bands übereinanderlegen und von Hand zusammennähen (siehe Zeichnung auf der Seite 145).

ARMBAND

- ★ Jeansstoff: 2 Stoffstücke à 6 x 25 cm (die Kanten gerundet zuschneiden)
- ★ Feste Vlieseinlage zum Aufbügeln
- ★ Unterlegscheibe: ø 30 mm
- ★ 1 silberner Knopf
- ★ 1 Druckknopf zum Aufnähen
- ★ Silberfarbenes Nähgarn
- ★ Dunkelblaues Nähgarn
- ★ In den Zuschnitten ist 1 cm Nahtzugabe enthalten.

Material

ANLEITUNG

Ein Stoffstück von links mit Vlieseinlage verstärken. Die Stoffstücke rechts auf rechts zusammensteppen. An einer Seite in der Mitte eine 7 cm breite Öffnung zum Wenden lassen. Die Nahtzugaben an den gerundeten Kanten zurückschneiden und bis 2 mm vor der Naht einschneiden. Das Armband nach rechts wenden, die Kanten ausbügeln und rundum knappkantig absteppen. Dabei wird auch die Wendeöffnung geschlossen.
Die Unterlegscheibe und den Knopf mit silberfarbenem Garn von Hand aufnähen. Den Druckknopf mit blauem Nähgarn ebenfalls von Hand annähen.

SCHMUCK

Kaum zu glauben, dass Unterlegscheiben aus dem Fahrradbedarf sich auch zum Verzieren von Schmuckstücken eignen. Mit einem silbernen Knopf wirkt das richtig edel.

Ausgehen

HAARBROSCHE

Festlicher Haarschmuck im angesagten Jeanslook ist in Windeseile gebastelt – sehen Sie selbst!

★ **Jeansstoff: 1 Streifen à 3 x 40 cm**
★ **Dunkelblaues Nähgarn**
★ **Kleine Haarspange**
★ **Tropffreier Flüssigklebstoff**

Material

ANLEITUNG

1. Den Stoffstreifen der Länge nach gemäß Zeichnung einschneiden und zu einem Zopf flechten. Das Ende vernähen oder verknoten.
2. Den Zopf zu einer Schnecke rollen und diese mit ein paar Stichen von Hand zusammennähen.
3. Die Schnecke auf eine Haarspange kleben und zusätzlich festnähen.

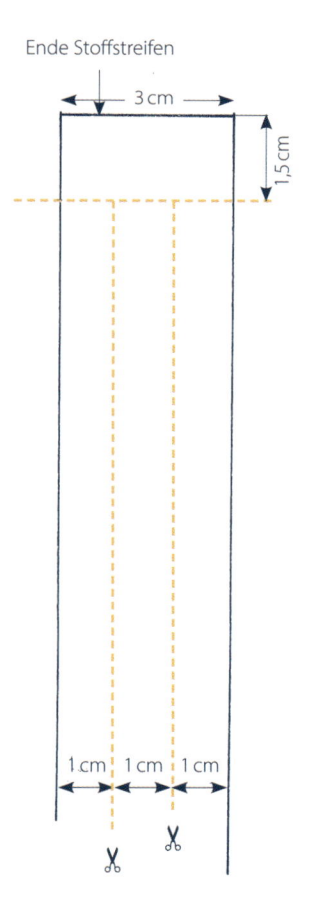

Ende Stoffstreifen
3 cm
1,5 cm
1 cm | 1 cm | 1 cm

Ausgehen

ARMBÄNDER

Das Jeansarmband, das ich für mein letztes Nähbuch genäht hatte (vielleicht erkennen Sie es auf den Fotos), trage ich sehr gerne und oft. Da ich ständig darauf angesprochen wurde, habe ich die Idee weiterentwickelt und stelle Ihnen hier viele schöne und neue Modelle vor!

Ausgehen

Ausgehen

- ★ Gürtelschlaufe
- ★ Strasssteine, Zierknöpfe oder Nieten
- ★ Festes Nähgarn in passendem Farbton

Material

RINGE

Diese Ringe, die ich aus den Gürtelschlaufen verschiedener Jeans genäht habe, sind meine absolute Lieblingserfindung. Mit einem Zierknopf oder Glitzersteinchen geschmückt, sind sie ein witziges und stilvolles Accessoire und im Hinblick auf das perfekte Jeansoutfit das «Tüpfelchen auf dem i».

ANLEITUNG

1. Legen Sie den Umfang für den Ring fest, und schneiden Sie die Gürtelschlaufe in dieser Länge ohne Nahtzugabe zu.
2. Verzieren Sie die Mitte der Schlaufe nach eigenem Geschmack mit einer Niete, einem aufgenähten Zierknopf oder Strasssteinen zum Aufbügeln. Oft sind die vorhandenen Nähte an sich schon sehr dekorativ, und manchmal sitzt sogar eine Zierniete an der richtigen Stelle. Zuweilen ist die Rückseite – wenn dort z. B. eine bunte Kettelnaht verläuft – sogar schöner als die Vorderseite.
3. Nähen Sie die Schlaufe von Hand zu einem Ring zusammen. Die Enden werden nicht übereinander-, sondern stumpf aneinandergelegt (siehe Zeichnung rechts). Das Fadenende verknoten und die Nadel an einer der Kanten von innen einstechen. Den Fadenanfang mit ein paar feinen Stichen vernähen. Die Naht schließen, wie in Zeichnung auf der rechte Seite dargestellt. Die sichtbaren Stiche möglichst gleichmäßig setzen. Die Enden der Schlaufe beim Nähen fest zusammenziehen und den Faden am Ende sehr gut vernähen.

Ausgehen

Material

★ Bundstück einer Jeans mit Hosenknopf
★ Perle oder Strassstein, die/der in die Mitte des Knopfes passt
★ Strapazierfähiges Nähgarn in passendem Farbton
★ Tropffreier Klebstoff

«DIAMANTRING»

Ein Hosenknopf als «Diamant»? Kein Problem! Sie brauchen ihn nicht einmal anzunähen. Den letzten Schliff erhält er mit einem aufgeklebten Glitzerstein in der Mitte.

ANLEITUNG

1. Legen Sie den Umfang und die Breite des Rings fest, und schneiden Sie ein passendes Bundstück ohne Nahtzugabe so zu, dass der Hosenknopf genau mittig liegt.
2. Die Längskanten des Stoffstreifens mit Zickzackstich versäubern und das Bundstück von Hand zu einem Ring zusammennähen (wie links beschrieben; siehe Zeichnung unten).
3. Kleben Sie einen Strassstein oder eine Perle in die Vertiefung in der Knopfmitte. Sie können den Ring auch in doppelter Breite zuschneiden, die versäuberten Längskanten nach links falzen und von Hand annähen. Das Bundstück anschließend zum Ring schließen.

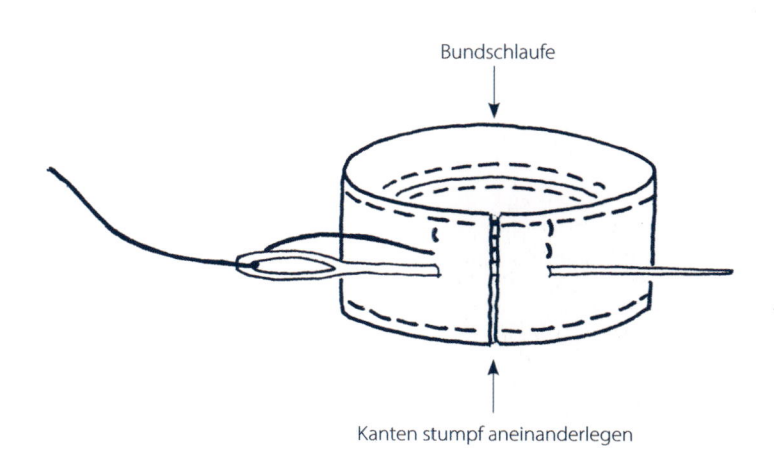

Bundschlaufe

Kanten stumpf aneinanderlegen

Ausgehen

Bundschlaufe mit vorhandener Niete

Bundschlaufe mit Bügelstrass

Bundschlaufe mit Perle

Bundschlaufe

«Diamantring»

Innenseite Bundschlaufe mit Strassstein

Bundschlaufe mit Hosenknopf

Bundschlaufe mit Silberknopf und Strassstein

Innenseite Bundschlaufe mit Herzknopf

Bundschlaufe mit Zierknopf

«Diamantring»

«Diamantring»

Ausgehen

GÜRTEL

Ein Jeansgürtel zum Ausgehen ist leicht genäht. Sie brauchen dazu einen alten Gürtel mit schöner Schnalle und etwas Jeansstoff.

ANLEITUNG

Schneiden Sie den alten Gürtel von der Schnalle ab, und verwenden Sie ihn als Muster. Zeichnen sie den Umriss des alten Gürtels auf doppelt gelegten Jeansstoff (die rechten Seiten liegen innen), und schneiden Sie die Teile mit 1 cm Nahtzugabe aus. Den Gürtel rechts auf rechts an den beiden Längskanten und einem Ende zusammennähen, nach rechts wenden und die Kanten bügeln. Das offene Ende 1 cm nach innen einklappen. Das Loch für den Dorn ausmessen und wie ein rundes Knopfloch arbeiten. Den Gürtel von Hand an der Schnalle festnähen. Die Löcher entweder ebenfalls als runde Knopflöcher fertigen oder kleine Ösen einschlagen.

Ausgehen

148 Abendstunde

Abendstunde

Es kehrt Ruhe ein.
Die blaue Stunde eignet sich prima zum Vorlesen.
Das genießen nicht nur die Kinder.

WOHLFÜHLHOSE FÜR MÄNNER

Stretchig, gemütlich und genau das Richtige für den Abend zu Hause. Doppelte Nähte sorgen für die richtige (Jeans-)Optik!

GRÖSSE
S bis XXL

ZUSCHNITT
Schnitt als Download unter www.haupt.ch/allesjeans/ verfügbar;
Zuschnitt bei doppelter Stofflage

Hosenvorderteil	2 x spiegelgleich aus Stoff (= 1x bei doppelter Stofflage)
Hosenrückenteil	2 x spiegelgleich aus Stoff (= 1x bei doppelter Stofflage)
Gesäßtasche (17 x 21 cm)	1 x aus Stoff

Alle Markierungen mit Schneiderkreide auf die rechte Stoffseite übertragen.

NAHT- UND SAUMZUGABEN
An allen Nahtkanten und an den Säumen 1 cm Nahtzugabe addieren.

TIPP
Alle unsichtbaren Nähte mit herkömmlichem Nähgarn nähen.
Für die sichtbaren Nähte Ziergarn verwenden.

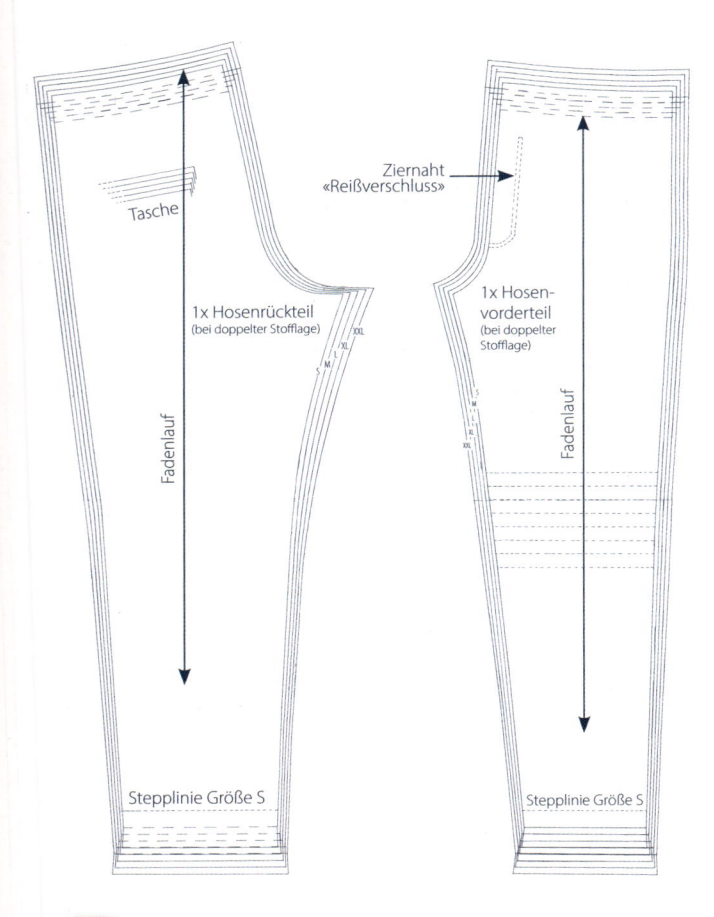

ANLEITUNG

1. Die Oberkante der Gesäßtasche mit Zickzackstich versäubern und gemäß Zeichnung A bügeln. Den Umschlag an den Kanten feststeppen und die Nahtzugaben schräg zurückschneiden. Den Umschlag nach rechts wenden und bügeln (siehe Zeichnung B). Die Nahtzugaben (1 cm) im gleichen Arbeitsgang nach links umbügeln. Die Oberkante der Tasche knappkantig feststeppen und steppfußbreit absteppen.
Die Tasche auf das Hosenrückenteil heften, mit Ziergarn knappkantig aufsteppen und steppfußbreit absteppen.

2. Die Nähte am Knie mit Ziergarn, wie im Schnitt eingezeichnet, auf die vorderen Hosenteile steppen. Den «Reißverschluss» ebenfalls mit Ziergarn auf das linke vordere Hosenteil steppen.

3. Je ein vorderes und ein rückwärtiges Hosenteil rechts auf rechts legen, die Beinaußennähte heften und steppen. Die Nahtzugaben zusammen mit Zickzackstichen versäubern und nach hinten bügeln. Die Nähte auf dem Hosenrückenteil steppfußbreit mit Ziergarn absteppen.

4. Die Beininnennähte steppen. Die Nahtzugaben zusammen mit Zickzackstich versäubern.

5. Die Saumkanten der Hosenbeine mit Zickzackstichen versäubern und 3 cm nach innen umbügeln. Den Saum 2,5 cm oberhalb der Unterkante von rechts mit Ziergarn steppen.

6. Die Hosenbeine rechts auf rechts ineinanderziehen, die Schrittnaht heften und steppen. Die Nahtzugaben zusammen mit Zickzackstichen versäubern und auf eine Seite bügeln. Die Mittelnaht von rechts doppelt (knappkantig und steppfußbreit) mit Ziergarn absteppen.

7. Für den Taillenbund die obere Hosenkante versäubern und 5 cm nach innen bügeln. Den Bund 1 cm oberhalb der versäuberten Kante von rechts mit Ziergarn rundherum feststeppen. Dabei an der Hosenrückseite eine 5 cm große Öffnung zum Einziehen des Gummibandes lassen.

8. Die benötigte Weite des Gummibands abmessen, das Band mit 6 cm Nahtzugabe zuschneiden und mithilfe einer Sicherheitsnadel in den Tunnel einziehen. Die Enden 3 cm übereinanderlegen und von Hand oder mit der Maschine zusammennähen. Die Bundöffnung schließen.

9. Das Gummiband in gedehntem Zustand mit Ziergarn (Nahtabstand je 1,8 cm) von rechts feststeppen.

10. Eine Kordel in der Mitte des Tunnelzugs auf die Mittelnaht setzen, feststeppen und zur Schleife binden.

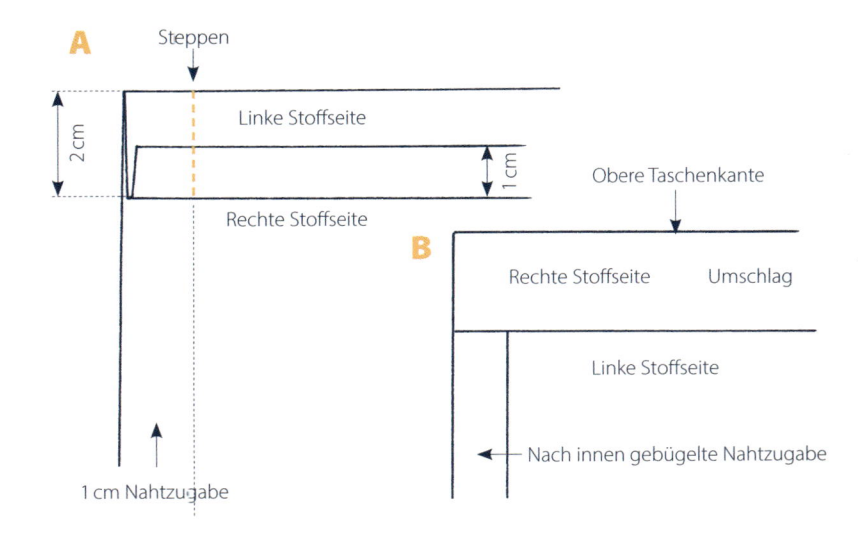

Abendstunde

★ **Jeansstoff mit Elasthananteil:**
S–M: 200 cm / L–XXL: 220 cm
★ **Weiches Gummiband:** 4 x 85/90/95 cm
★ **Mittelblaue Kordel (ø ca. 5–7 mm):** 80 cm
★ **Mittelblaues dickeres Ziergarn**
★ **Dunkelblaues Nähgarn**

Material

Abendstunde

Abendstunde

WOHLFÜHLHOSE FÜR FRAUEN

Ich mag Schlafanzüge, die man nicht nur im Bett tragen möchte. Dieses Modell aus leichtem Jeansstoff können Sie auch als Wohlfühlhose zu Hause tragen.

GRÖSSE
XS – XL

- ★ Leichter blauer Jeansstoff mit weißen Punkten: 200 cm
- ★ Geblümter Stoff: 10 cm
- ★ Weiches Gummiband: 3,5 x 60 / 65 / 70 / 75 / 80 cm
- ★ Dunkelblaues Nähgarn

Material

ZUSCHNITT

Schnitt als Download unter www.haupt.ch/allesjeans/ verfügbar; Zuschnitt bei doppelter Stofflage

Hosenbeine	*2 x spiegelgleich aus Jeansstoff*
	(= 1x bei doppelter Stofflage)
Saumbeleg	*2 x spiegelgleich aus Blümchenstoff*
	(= 1x bei doppelter Stofflage)

ACHTUNG: Für die Saumbelege aus Blümchenstoff die grau schattierte Fläche auf dem Papierschnitt extra herauskopieren und den Stoff mit 1 cm Nahtzugabe zuschneiden.

Bundbeleg	*2 x spiegelgleich aus Jeansstoff*
	(= 1x bei doppelter Stofflage)

ACHTUNG: Für die Bundbelege die grau schattierte Fläche auf dem Papierschnitt extra herauskopieren und den Stoff mit 1 cm Nahtzugabe rundum zuschneiden.

Stoffstreifen aus Blümchenstoff (3 x 75cm)	*1 x (hier ist keine Nahtzugabe nötig)*

Alle Markierungen mit Schneiderkreide auf die rechte Stoffseite übertragen.

NAHTZUGABEN

Eine Nahtzugabe von 1 cm muss überall zugegeben werden, nur nicht beim Stoffstreifen.

Abendstunde

ANLEITUNG

1. Die Saumbelege mit der rechten Stoffseite auf die linke Stoffseite der Unterkante der Hosenbeine heften und feststeppen. Die Saumbelege nach unten klappen und die Nahtzugaben nach oben bügeln.
2. Die Kanten der Hosenbeine mit Zickzackstich versäubern.
3. Die Hosenbeine jeweils rechts auf rechts falten, die Beininnennähte heften und steppen. Dabei treffen die Saumnähte aufeinander. Die Nahtzugaben auseinanderbügeln.
4. Die angesetzten Saumbelege an der unteren offenen Kante 1 cm nach links bügeln. Die Saumbelege an der Naht nach oben auf die rechten Hosenbeinseiten klappen und gut bügeln. Die obere, eingeschlagene Saumbelegkante jeweils auf das Hosenbein heften und knappkantig steppen. Die untere Saumkante knappkantig absteppen.
5. Die Hosenbeine rechts auf rechts ineinanderschieben, die Schrittnaht heften und steppen. Dabei treffen die Saumnähte aufeinander. Die Nahtzugaben auseinanderbügeln.
6. Die Teile für den Bundbeleg rechts auf rechts legen und an den Enden zu einem Ring zusammensteppen. Die Nahtzugaben auseinanderbügeln. Den Beleg rechts auf rechts auf die Bundkante der Hose heften, feststeppen und nach innen um die Kante legen. Die Kante bügeln. Die untere Belegkante 1 cm nach links umbügeln, anheften und bis auf eine 5 cm große Öffnung (an der Hosenrückseite) zum Einziehen des Gummibands knappkantig feststeppen.
7. Die benötigte Weite des Gummibands abmessen, das Band mit 6 cm Nahtzugabe zuschneiden und mithilfe einer Sicherheitsnadel in den Tunnel einziehen. Die Enden 3 cm übereinanderlegen und von Hand oder mit der Maschine zusammennähen. Die Bundöffnung schließen.
8. Das Gummiband in gedehntem Zustand dreimal im Abstand von je 0,9 cm zur nächsten Naht feststeppen.
9. Alle Kanten des Stoffstreifens 1 cm nach links umbügeln. Den Streifen der Länge nach falten, bügeln und die Kanten knappkantig aufeinandersteppen. Das Band in der Mitte des Tunnels auf die Mittelnaht setzen, feststeppen und zur Schleife binden.

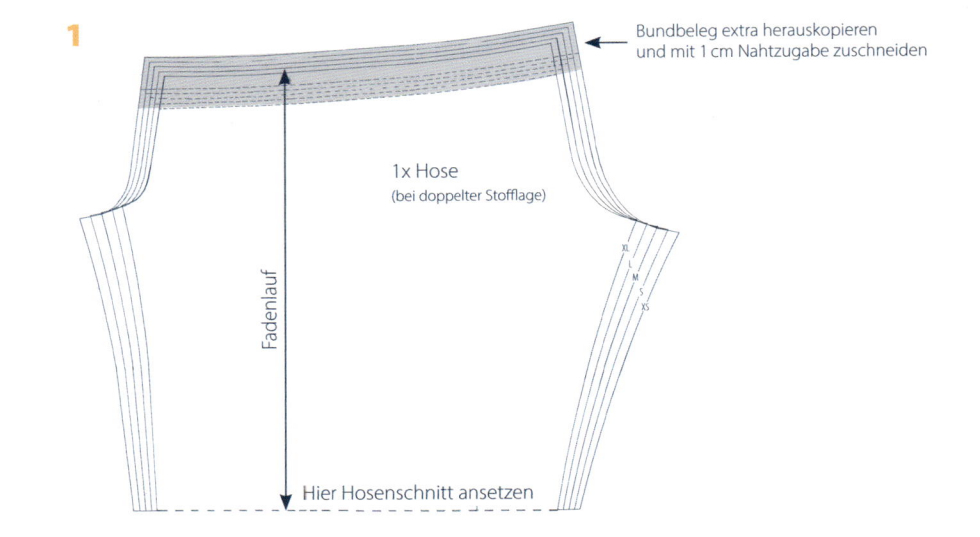

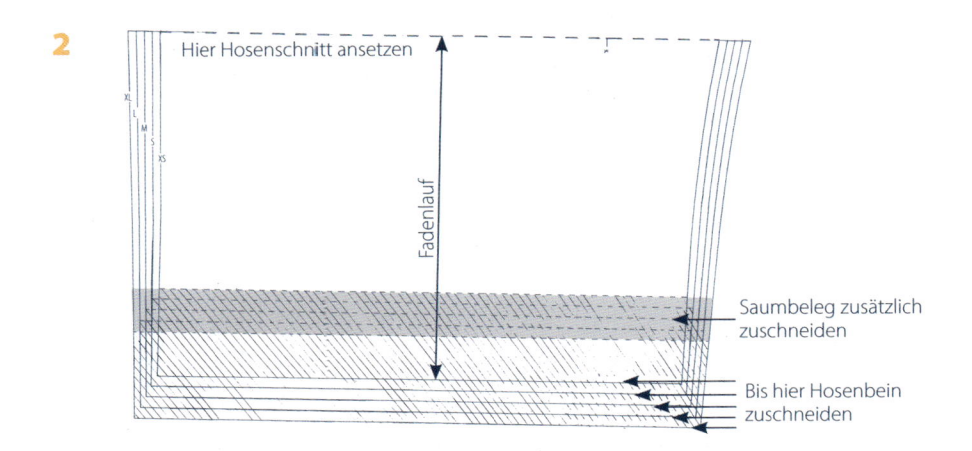

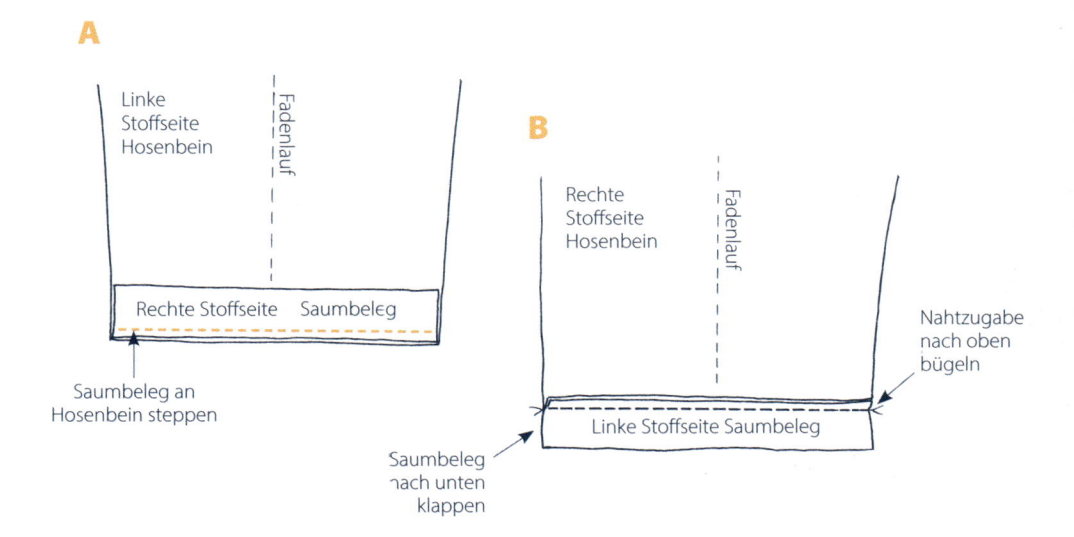

ERDBEERSHIRT

Das passende Oberteil zur Wohlfühlhose ist schnell kreiert: Applizieren Sie einfach ein hübsches Motiv aus den Resten des Hosenstoffs auf ein schlichtes T-Shirt.

Material

- ★ T-Shirt
- ★ Reste des Jeansstoffs, den Sie für die Wohlfühlhose verwendet haben
- ★ Weiterer Stoffrest in anderer Farbe
- ★ Vliesofix
- ★ Nähgarn in passendem Farbton
- ★ Jerseynadel für die Nähmaschine

ANLEITUNG

1. Die Jerseynadel in die Nähmaschine einsetzen.
2. Vliesofix auf die Rückseite des Jeansstoffs und des Stoffrests aufbügeln.
3. Die Motivteile gemäß Zeichnung auf den Stoff oder (seitenverkehrt) auf das Trägerpapier übertragen und ausschneiden. Das Trägerpapier abziehen. Zuerst die Erdbeere, dann den Stiel mittig auf das T-Shirt bügeln und alle Kanten mit schmalen Zickzackstichen nachsteppen.

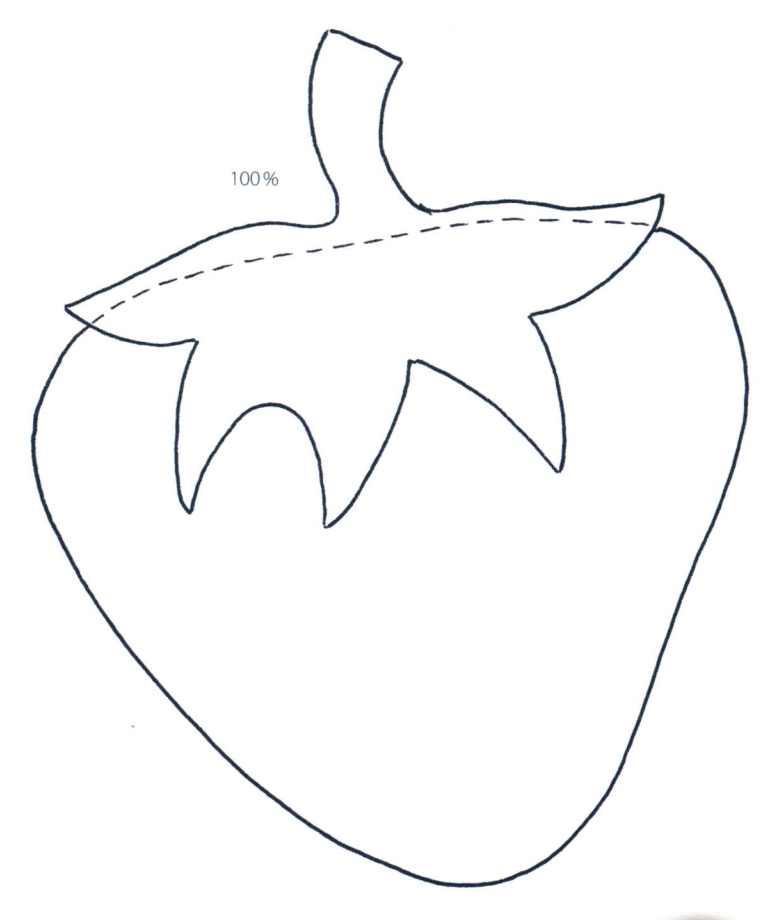

100 %

Abendstunde

★ **Teddyplüsch:** 35 cm (kleines Schaf: 25 cm)
★ **Jeansstoffreste** (Meterware oder alte Jeanshosenbeine)
★ **Füllwatte oder Füllflocken:** 500 g (kleines Schaf: 300 g)
★ **Nähgarn** in passendem Farbton
★ **2 Knöpfe** für die Augen

Material

Abendstunde

SCHLAFSCHAFE

Eigentlich hatte ich nicht geplant, Stofftiere in dieses Buch aufzunehmen, doch dann stieß ich in einem finnischen Nähbuch aus den 1960er-Jahren auf ein Foto, auf dem ein kleiner Junge ein großes gestricktes Lämmchen im Arm hält. Es war einfach unwiderstehlich.

Es brauchte ein paar Anläufe, bis ich mit dem Schnittmuster zufrieden war. Aber keine Sorge, die «Versuchsschafe» liegen alle schon in den Betten meiner Kinder, Nichten und Neffen. Dort dienen sie als Kopfkissen und sind heiß begehrt. Auch als Reisebegleiter – ob als Schmusetier oder Schlafkissen fürs Auto, die Bahn oder das Flugzeug – ist das Schaf prima geeignet.

GRÖSSE
Kleines Schaf: Höhe: 22 cm, Breite: 30 cm (Schnittmusterbogen 1)
Großes Schaf: Höhe: 30 cm, Breite: 50 cm (Schnittmusterbogen 2)

ZUSCHNITT
Bei doppelter Stofflage; siehe Schnittmuster 1 und 2; Schnitte als Download unter www.haupt.ch/allesjeans/ verfügbar.

Körper	1 x aus Teddyplüsch
Ohren	1 x aus Teddyplüsch, 1 x aus Jeansstoff
Kopf	1 x aus Jeansstoff
Füße	4 x aus Jeansstoff

NAHTZUGABEN
Die Nahtzugabe beträgt 1 cm und muss vor dem Zuschneiden zugegeben werden.

ANLEITUNG
1. Die Kopfteile rechts auf rechts an die Körperteile heften und feststeppen.
2. Für die Ohren je ein Plüschteil rechts auf rechts auf ein Jeansteil heften und die Ohren bis auf die im Schnitt eingezeichnete Wendeöffnung zusammensteppen. Die Nahtenden mit Rückstichen sichern. Die Nahtzugaben auf 0,5 cm zurückschneiden und an den Rundungen bis 2 mm vor der Naht einschneiden. Die Ohren nach rechts wenden und sorgfältig ausformen.
3. Die Schnittteile für die vier Füße rechts auf rechts aufeinanderlegen, heften und steppen. Die obere Kante bleibt zum Wenden offen. Die Nahtzugaben auf 0,5 cm zurückschneiden und an den Rundungen bis 2 mm vor der Naht einschneiden. Die Füße wenden.
4. Ohren und Füße mit Füllwatte ausstopfen. Die Füße an den Oberkanten mit Steppnähten schließen.
5. Je 2 Füße gemäß Zeichnung A an einen Körperteil heften und innerhalb der Nahtzugabe feststeppen.
6. Die Körperteile rechts auf rechts aufeinanderlegen, heften und bis auf die im Schnitt eingezeichnete Wendeöffnung zwischen den Füßen steppen. Die Nahtenden mit Rückstichen sichern. Das Schaf nach rechts wenden.
7. Das Schaf mit Füllwatte ausstopfen, die Wendeöffnung von Hand schließen.
8. Die Nahtzugaben an der Unterkante der Ohren nach innen falten und die Öffnung von Hand zunähen. Die Ohren von Hand an den Körper nähen (siehe Schnittmusterbogen 1 und 2).
9. Knöpfe als Augen aufnähen.

1 Bei allen Schnitteilen vor dem Zuschnitt noch 1 cm Nahtzugabe anzeichnen.

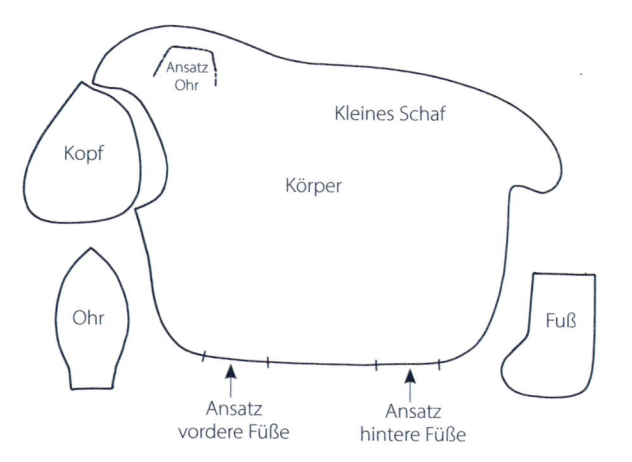

Kleines Schaf: Ansatz Ohr, Kopf, Körper, Ohr, Fuß, Ansatz vordere Füße, Ansatz hintere Füße

2

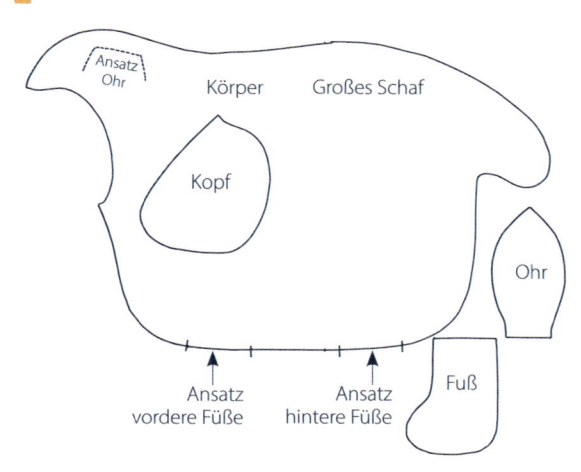

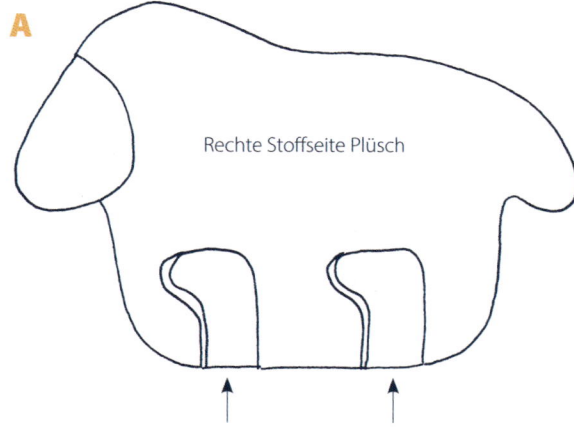

Großes Schaf: Ansatz Ohr, Körper, Kopf, Ohr, Fuß, Ansatz vordere Füße, Ansatz hintere Füße

A

Rechte Stoffseite Plüsch

Je zwei Füße an ein Schnittteil heften

- ★ 40 cm Jeans oder Jeansstoff
- ★ Heller Baumwoll-Canvas oder Nesseltuch
- ★ Vliesofix: 16 x 16 cm
- ★ Abgetrennte Gesäßtasche einer Jeans
- ★ Dunkelblauer Reißverschluss: 50 cm
- ★ Cremeweißes Nähgarn
- ★ Zackenschere (empfehlenswert, aber nicht notwendig)
- ★ Auf Bügelfolie gedrucktes Motiv (hier ca. 22 cm hoch)
- ★ Kissen: 50 x 50 cm

Material

Abendstunde

MOPSKISSEN

Präsentieren Sie Ihre Lieblingsfotos einmal auf eine ganz neue Art – z. B. auf Kissenbezügen. Die Fotos am PC einfach auf Transferpapier ausdrucken, auf Stoff aufbügeln und diesen applizieren.

ZUR INFORMATION

Im Fachhandel gibt es spezielle Bügelfolie (auch Transferfolie / T-Shirt-Folie / Transferpapier genannt) für helle und für dunkle Stoffe, die mit einem gewöhnlichen Tintenstrahldrucker bedruckt werden kann. Das Motiv auf das Papier übertragen und dann von rechts auf den Stoff aufbügeln. Bitte halten Sie sich genau an die Anleitung des Herstellers, damit der Fotodruck auch nach dem Waschen noch schön aussieht.
Auf hellen Stoffen kommen Fotos am besten zur Geltung.

GRÖSSE
50 x 50 cm

ZUSCHNITT

Bezugvorderteil
(26 x 52 cm)	1 x aus Baumwoll-Canvas
(15 x 52 cm)	2 x aus den Hosenbeinen einer Jeans oder Jeansstoff

Bezugrückenteil
(18,5 x 52 cm)	2 x aus den Hosenbeinen einer Jeans
(19 x 52 cm)	1 x aus den Hosenbeinen einer Jeans
Oder (52 x 52 cm)	aus Jeansstoff

Die Hosenbeine möglichst weit oben gerade abschneiden.
Aus dem Hosensaum 2 Quadrate à 4 x 4 cm zuschneiden (als «Tunnel» für den Reißverschluss, siehe Foto 1 auf Seite 160).

NAHTZUGABEN
In den Zuschnitten ist 1 cm Nahtzugabe enthalten.

ANLEITUNG

1. Vliesofix von links auf ein kleines Stück Jeansstoff aufbügeln. Das Sternmotiv (Zeichnung auf Seite 121) auf das Trägerpapier übertragen und ausschneiden.
2. Das Bügelmotiv entlang den Konturen ausschneiden und nach Anleitung auf den Canvas-Stoff aufbügeln.
3. Das Trägerpapier vom Sternmotiv abziehen, den Stern neben dem Fotomotiv aufbügeln und an den Kanten mit Zickzackstich absteppen.
4. Den Canvas-Stoff rechts auf rechts an die beiden anderen vorderen Bezugteile heften und steppen. Die Nahtzugaben in Richtung Jeansstoff bügeln und die Naht von rechts knappkantig und steppfußbreit absteppen.
Das Bezugteil rundum mit Zickzackstich versäubern.
5. Die rückwärtigen Bezugteile rechts auf rechts aneinanderheften und -steppen (das breite Bezugteil liegt in der Mitte). Die Nahtzugaben nach außen bügeln und mit breitem Zickzackstich feststeppen.
6. Die Gesäßtasche der Jeans auf die Rückseite des Bezugs heften und steppen.
7. Das rückwärtige Bezugteil mit der rechten Stoffseite nach oben glatt auf den Tisch legen. Den Reißverschluss 3 cm oberhalb der unteren Stoffkante auf das Bezugteil heften. Die Kanten des Trägerbands mit Zickzackstich feststeppen und 0,5 cm neben den Zähnchen auf beiden Seiten mit Geradstich absteppen. Wenn Sie die Nadelstellung an Ihrer Maschine nicht verändern können, müssen Sie hier den Reißverschlussfuß einwechseln.
Am Anfang und Ende des Reißverschlusses mit Zickzackstich die beiden Saumquadrate als «Tunnel» aufsteppen (siehe Foto). Den Reißverschluss öffnen und den Stoff über die gesamte Länge des Reißverschlusses mit der Zackenschere einschneiden (wenn Sie eine normale Schere verwenden, sollten Sie heraushängende Fädchen abschneiden, damit sie nicht zwischen die Zähnchen geraten).
8. Die beiden Bezugteile rechts auf rechts zusammenheften und steppen. Die Nahtzugaben auseinanderbügeln und die Kissenhülle durch den Reißverschluss nach rechts wenden.
9. Die Ecken mithilfe einer Stricknadel oder eines Stifts ausformen und das Kissen beziehen.

Abendstunde

Für das Einsteppen des Reißverschlusses habe ich eine ganz unkonventionelle, einfache Methode entwickelt, die gut zum coolen Look des Kissenbezugs passt! Das können auch Nähanfängerinnen!

Mit Ziernähten und einer aufgesteppten Tasche macht auch die Rückseite des Bezugs eine gute Figur.

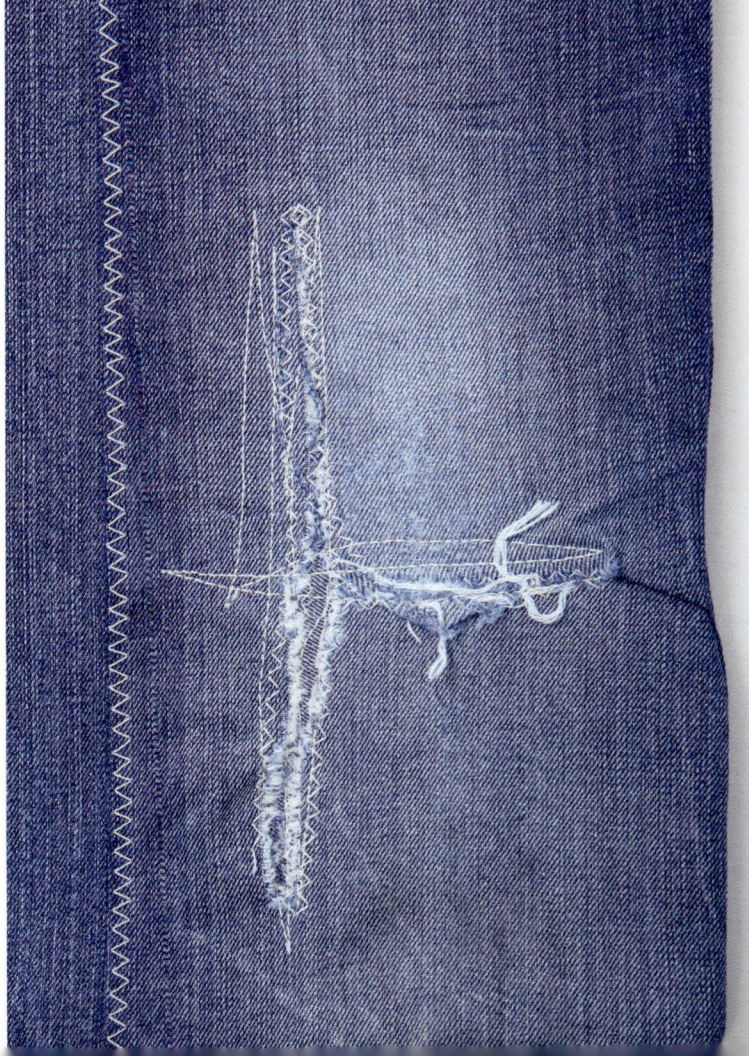

Ganz schön lässig – ein geflicktes Hosenbein als Kissenbezug! Einfach Jeansstoff unter das Loch legen und mehrfach mit Zickzackstich und Geradstich darübersteppen.

Material

★ Herrenhemd
★ Nähgarn in passendem Farbton
★ Rundes Kissen (ø 50 cm)

ROSENKISSEN

Ein andersfarbiges Kissen setzt in einer ansonsten Ton in Ton gestalteten «Kissenlandschaft» einen schönen Akzent und bildet einen Kontrapunkt – so wie das rosafarbene Rosenkissen auf dem Foto. Es wird aus einem Herrenhemd genäht, dessen Knopfleiste als Verschluss dient.

GRÖSSE
Durchmesser: 50 cm

ZUSCHNITT BÄNDER
Beide Ärmel gerade vom Hemd abschneiden. Den Stoff zwischen Schnittkante und Manschette in einer Spirale zu einem ca. 1,5 cm breiten Band zuschneiden.

ANMERKUNG
Die Bänder werden beim Zuschnitt etwas ungleichmäßig und später nicht versäubert – sie fransen daher etwas aus. Das ist optisch so gewollt. Heraushängende Fäden einfach abziehen oder abschneiden.

ZUSCHNITT BEZUGTEILE
Einen Kreis mit 52 cm Durchmesser auf Schnittmusterpapier zeichnen und ausschneiden. Das Vorderteil des Bezugs aus dem Hemdrücken zuschneiden.
Den rückwärtigen Teil des Bezugs aus den Vorderteilen des Hemds zuschneiden. Die Knopfleiste schließen und in die Mitte legen. Der Abstand zwischen den äußeren Knöpfen und den Kanten des Bezugs sollte mindestens 3 cm betragen.

NAHTZUGABEN
In den Zuschnitten ist 1 cm Nahtzugabe enthalten.

ANLEITUNG
1. Die Bezugteile rundum mit Zickzackstich versäubern.
2. Das Band mit Geradstich mit 1 cm Abstand zur Kante mittig von außen nach innen in einer Spirale auf das vordere Bezugteil steppen. Das zweite Band so ansetzen, dass der Anfang das Ende des ersten Bandes 2 cm überlappt, und weitersteppen.
3. Die Bezugteile rechts auf rechts zusammensteppen, die Nahtzugaben auseinanderbügeln und die Kissenhülle nach rechts wenden.
4. Das Kissen beziehen.

Abendstunde

Material

★ Gemusterter Baumwollstoff / Dekostoff
★ Jeansstoffrest: 40 x 25 cm
★ Vliesofix: 40 x 25 cm
★ Farblich passender Reißverschluss: 30 cm
★ Nähgarn in passendem Farbton
★ Kissen: 40 x 40 cm

HIRSCHKISSEN
Jeans goes Alpenstyle –
eine gelungene Kombination!

GRÖSSE
40 x 40 cm

ZUSCHNITT
Bezug (42 x 42 cm)   2 x aus gemustertem Baumwollstoff

Das Hirschmotiv ist als Download unter www.haupt.ch/allesjeans/ verfügbar.

NAHTZUGABEN
In den Zuschnitten ist 1 cm Nahtzugabe enthalten.

ANLEITUNG

1. Vliesofix von links auf den Jeansstoff bügeln. Das Hirschmotiv spiegelverkehrt auf das Trägerpapier übertragen und ausschneiden.
2. Die Bezugteile rundum mit Zickzackstich versäubern.
3. Das Trägerpapier vom Hirschmotiv abziehen, das Motiv mittig auf das vordere Bezugteil bügeln und rundum mit schmalem Zickzackstich absteppen.
4. Den Reißverschluss einnähen: Die Bezugteile rechts auf rechts legen, an einer Seite der Unterkante beginnend, 6 cm zusammensteppen und die Naht mit 3–4 Rückstichen verriegeln. Eine größere Stichlänge (z. B. 4–5 mm) einstellen und 30 cm weitersteppen (dieser Teil der Naht wird nach dem Einsetzen des Reißverschlusses wieder aufgetrennt). Die Stichlänge wieder zurückstellen, einen zweiten Riegel und dann den Rest der Naht steppen. Die Nahtzugaben auseinanderbügeln.
Den Reißverschluss mit der Oberseite nach unten von links mittig auf die Naht stecken und von Hand auf die Nahtzugaben heften. Den Reißverschlussfuß in die Nähmaschine einsetzen und den Reißverschluss von rechts einsteppen. Der Abstand zur Naht beträgt jeweils 0,7 cm. Die Naht zwischen den beiden Riegeln auftrennen, die Heftfäden entfernen und den Reißverschluss 5 cm öffnen.
5. Die restlichen Kanten heften und steppen. Die Nahtzugaben auseinanderbügeln und die Kissenhülle durch den Reißverschluss nach rechts wenden.
6. Die Ecken mithilfe einer Stricknadel oder eines Stifts ausformen und das Kissen beziehen.

FAHRRADKISSEN

Dieser Kissenbezug aus einem Jeanshemd ist genau das Richtige für Fahrradfans. Die Knopfleiste des Hemds dient als Verschluss, und der Fotodruck auf der Vorderseite ist mit Nähten in Kontrastfarben betont.
Folgen Sie den Anleitungen für das Mopskissen auf Seite 159.

Abendstunde

164

HOSENBEINTIERE

Diese Idee aus meinem letzten Buch habe ich in Nähkursen mit Kindern weiterentwickelt. So entstanden aus den Jeansmonstern Tiere – Eule, Hase, Katze und Hund, Bär und Maus. Ein schönes Gemeinschaftsprojekt für Mutter und Kind!

GRÖSSE
ca. 15 x 15 cm (Breite = Hosenbeinweite)

ZUSCHNITT EULE
Das Hosenbein in der gewünschten Höhe von der Jeans abschneiden (hier ca. 15 cm).

NAHTZUGABE
In den Zuschnitten ist 1 cm Nahtzugabe enthalten:

ANLEITUNG EULE
1. Aus den mit Vliesofix beschichteten Stoffresten kreisrunde Augen und für den Schnabel ein leicht gerundetes Dreieck ausschneiden. Die Trägerpapiere abziehen, Augen und Schnabel auf das Hosenbein bügeln und rundum mit Zickzackstich absteppen.
2. Für die Ohren 2 Jerseystreifen zuschneiden.
3. Das Hosenbein nach links wenden. Die Jerseystreifen an der oberen Kante zwischen die Stoffschichten legen (sie zeigen nach innen), die Naht heften und steppen. Die Ohren werden dabei mitgefasst. Eule nach rechts wenden.
4. Die Eule mit Füllwatte ausstopfen.
5. Die untere Naht von rechts heften. Dabei 2 lange Jerseystreifen einlegen. Die Naht knappkantig von rechts steppen, die Enden der Stoffstreifen verknoten.
6. Knöpfe auf die Augen nähen.

ANLEITUNG KATZE + HASE
1. Gewünschte Ohrenform auf ein Blatt Papier zeichnen und mit 1 cm Nahtzugabe 2 x aus doppelt gelegtem T-Shirt-Stoff ausschneiden (= 4 Teile). Ohren rechts auf rechts zusammensteppen, dabei die untere Kante offen lassen; nach rechts wenden.
2. Hosenbein nach links wenden. Obere Kante heften, die Ohren in die Naht einlegen (sie zeigen nach innen, zwischen die Stoffschichten). Die Kanten aufeinandersteppen. Die Ohren werden dabei mitgefasst. Hosenbeintier nach rechts wenden.
3. Hosenbeine mit Füllwatte füllen.
4. Die untere Naht von rechts heften, dabei zwei lange Jerseystreifen einlegen. Die Naht knappkantig von rechts steppen. Stoffstreifenenden verknoten.
5. Knöpfe als Augen annähen. Hasenschnauze mit Perlgarn aufsticken. Für die Katzenschnauze einen Knopf aufnähen und die Schnurrhaare mit Perlgarn sticken.

Material
★ Hosenbeine einer Kinderjeans
★ Reste alter T-Shirts
★ Gestreifte Stoffstreifen aus Jersey (z. B. aus altem T-Shirt zuschneiden)
★ Knöpfe
★ Perlgarn
★ Mit Vliesofix beschichtete Stoffreste
★ Dunkelblaues Nähgarn
★ Für die Füllung: weiche Füllwatte oder Füllflocken

GRUNDLEGENDE TECHNIKEN, FACHBEGRIFFE UND TIPPS

Für die Nähprojekte in diesem Buch ist ein wenig Näherfahrung nötig. Nähanfängerinnen empfehle ich, sich zusätzlich eines der vielen erhältlichen Einsteigerbücher zuzulegen oder einen Nähkurs zu besuchen. Dann werden auch sie Freude an diesem Buch haben.
Die wichtigsten Fachbegriffe und grundlegende Techniken werden im Folgenden kurz erklärt.

ABSTEPPEN
An einer Kante oder Naht entlangsteppen, um sie zu verstärken oder zu betonen. Häufig steppt man knappkantig oder doppelt ab, oft mit (etwas stärkerem) Ziergarn.

APPLIKATION / APPLIZIEREN
Das Aufnähen von Motiven aus Stoff auf einen textilen Untergrund. Das Applikationsmotiv wird mithilfe von Vliesofix (s.u.) auf den Trägerstoff gebügelt und dann an den Kanten aufgesteppt – entweder mit dicht gesetzten Zickzackstichen oder mit Geradstichen, die auch mal etwas «ausscheren» dürfen. Die Motivkante franst dann im Laufe der Zeit etwas aus, was schön lässig aussieht.
Sie können auch jede andere Stichart ausprobieren – wichtig ist nur, dass das Motiv rundum festgesteppt ist, damit es sich nicht vom Trägerstoff lösen kann.

ARBEITEN MIT JEANS
Ich arbeite unheimlich gerne mit Jeans, da dieser Stoff auch in gebrauchtem Zustand so robust und vielseitig ist, dass er für ein «zweites Leben» wunderbar geeignet ist! Man kann ihn beidseitig verwenden und hat schon dadurch viele Variationsmöglichkeiten, z. B. durch den Farbwechsel. Die Kanten verarbeite ich gerne unversäubert und oft außenliegend. Sie fransen beim Waschen dekorativ aus, eignen sich somit als unkompliziertes Zierelement und geben Oberflächen eine ganz besondere Optik. Lange, nach dem ersten Waschen heraushängende Fäden werden einfach abgeschnitten. Beim Zuschnitt von Schnittteilen aus Jeanshosen sollten Sie darauf achten, dass sehr dicke Nähte beim Zusammensteppen nicht aufeinandertreffen, sondern versetzt liegen. Sehr hilfreich für das Verarbeiten von Jeans ist eine spezielle Jeansnähnadel. Es gibt sie in verschiedenen Stärken und mit einem größeren Öhr für dickeres Nähgarn.

BÜGELN UND HEFTEN
Diese Arbeitsgänge werden nicht immer extra erwähnt, sind aber empfehlenswert! Eine sauber ausgebügelte Naht lässt sich einfacher weiterverarbeiten, Unsauberkeiten und Falten werden vermieden. Nähte möglichst von links bügeln, um Glanzspuren zu vermeiden. Wenn die Vlieseinlage bis zum Rand reicht, am besten ein Bügeltuch verwenden, um unangenehme Klebespuren am Bügeleisen zu vermeiden.
Was für das Bügeln gilt, ist auch für das Heften maßgebend. Nichts ist ärgerlicher, als eine verunglückte Naht wieder auftrennen zu müssen, weil man dachte, es geht auch so. Gerade und einfache Nähte müssen nicht unbedingt geheftet, sondern können auch gesteckt werden. Die Stecknadeln werden immer im rechten Winkel zur Naht gesteckt, das hält die Stoffe gut zusammen; außerdem kollidieren die Stecknadeln so nicht mit der Maschinennadel und können während des Steppens ganz einfach entfernt werden. Komplizierte Nähte, Rundungen, Reißverschlüsse und Bänder heftet man am besten von Hand mit einem Heftfaden.
Geübtere Näherinnen können natürlich auch hier nur Stecknadeln verwenden!

ECKABNÄHER / BODENABNÄHER STEPPEN

Um einer Tasche Bodenvolumen oder eine Standfläche zu geben, können die Taschenecken am Boden von links abgenäht werden. Die Ecken werden am Boden der Tasche so umgelegt, dass die Seitennaht entlang der Bodenmitte in Richtung Eckenspitze verläuft. Dann werden Abnäher im rechten Winkel zur Seitennaht gesteppt (siehe Zeichnung A). Je größer der Abstand, desto tiefer der Boden. Die entstandenen Bodendreiecke werden umgebügelt und fixiert oder abgeschnitten (Zeichnung B), und die Schnittkante wird mit Zickzackstich versäubert.

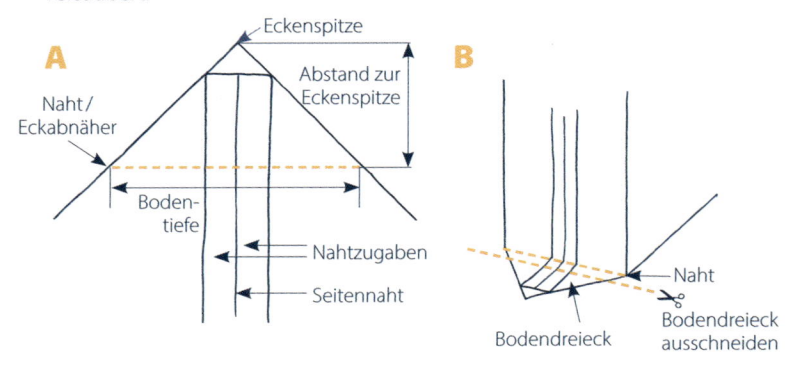

A Eckenspitze, Naht/Eckabnäher, Abstand zur Eckenspitze, Bodentiefe, Nahtzugaben, Seitennaht
B Bodendreieck, Naht, Bodendreieck ausschneiden

GRUNDAUSSTATTUNG

- Maßband
- gute Stoffschere
- kleine Schere zum Abschneiden der Nahtfäden
- Schnittpapier (Packpapier, Seidenpapier, Zeitungspapier)
- Schneiderkreide oder auswaschbarer Markierstift für Markierungen auf dem Stoff
- Nahttrenner
- Stecknadeln
- Handnähnadeln
- Heftfaden
- Papierschere
- Bleistift, Filzstift
- Lineal oder großes Geodreieck
- evtl. Kurvenlineale oder Schneiderwinkel für das Übertragen der Schnitte
- Bügeleisen und Bügelbrett
- Nähmaschine

GÜRTELSCHLAUFEN

Die Gürtelschlaufen einer Jeans sind oft nicht nur am Bund, sondern auch auf den Hosenbeinen festgesteppt. Manchmal ist es sinnvoll, sie sorgfältig abzutrennen, manchmal können sie auch einfach abgeschnitten werden. Genaue Angaben hierzu finden Sie in den Projektanleitungen.

HOSENBUND VERWENDEN

Wenn der abgeschnittene Hosenbund einer Jeans für ein Projekt benötigt wird, kann es sinnvoll sein, ihn am unteren Rand aufzutrennen, um die vielen überflüssigen Stofflagen zu entfernen. Das vereinfacht die Weiterverarbeitung enorm, auch wenn es etwas mühsam erscheint.

JERSEYNADEL

Verwenden Sie zum Aufsteppen von Applikationsmotiven auf T-Shirt-Stoffe (und beim Verarbeiten anderer Strickstoffe wie z. B. Jersey) unbedingt eine Jerseynadel mit abgerundeter Spitze. Eine normale Nähnadel beschädigt den Stoff; es können Löcher und Laufmaschen entstehen.

KNAPPKANTIG (AB)STEPPEN

Ca. 1 mm neben der Stoffkante steppen.

KREISE EINZEICHNEN

Kreise lassen sich mithilfe runder Haushaltsgegenstände ganz unkompliziert direkt auf den Stoff übertragen. Suchen Sie sich einfach eine Garnrolle, Unterlegscheibe, einen Becher, ein Marmeladenglas, einen Teller o. Ä. in der richtigen Größe. Sollte die Rundung etwas zu klein oder zu groß sein, können Sie sie erst einmal aufzeichnen und dann rundum mithilfe eines Maßbands korrigieren.

LINKE STOFFSEITE

Rückseite eines Gewebes.

MARKIEREN MIT MARKIERSTIFT ODER SCHNEIDERKREIDE

Neben der klassischen Schneiderkreide gibt es im Fachhandel auswaschbare oder selbstlöschende Markierstifte, Minenstifte, Kreidestifte zum Anspitzen usw. Ich empfehle neben einfacher Schneiderkreide einen Kreidestift oder auswaschbaren Filzmarkierstift für präzisere Markierungen (oder zum Anzeichnen von Applikationsmotiven). Finden Sie selbst heraus, womit Sie am besten zurechtkommen!

METERWARE

Jeansstoffe gibt es in den verschiedensten Waschungen und Qualitäten als Meterware im Handel. Für gewöhnlich liegen die Stoffe 135–165 cm breit. Der Stoffbedarf für die einzelnen Projekte ist, sofern in den Anleitungen nicht anders angegeben, für eine Stoffbreite von 135 cm berechnet und relativ großzügig bemessen, damit Sie beim Zuschneiden keine böse Überraschung erleben.

NACH LINKS UMBÜGELN

Eine Kante (Naht- oder Saumzugabe) so umbügeln, dass die linken Stoffseiten aufeinanderliegen.
Für saubere Abschlüsse wird die Kante oft doppelt eingeschlagen: Markieren Sie an einigen Stellen die Falzkante mit Schneiderkreide, und legen Sie das Nähgut mit der rechten Stoffseite nach unten auf den Bügeltisch. Bügeln Sie zunächst die Nahtzugabe und dann die markierte Kante um. Mit etwas Übung gelingt das auch ohne Anzeichnen nur mithilfe des Maßbandes während des Bügelns.

NÄHGARN

Die Qualität des Nähgarns hat großen Einfluss auf das Stichbild, das Nähergebnis und die Haltbarkeit des Nähguts. Billige Garne reißen leichter als Qualitätsgarne und sind oft nicht sonderlich strapazierfähig. Außerdem haben sie oft eine rauere Oberfläche, sodass beim Steppen manchmal Schlingen entstehen, weil sich die Fadenspannung nicht richtig einstellen lässt.

Grundlegende Techniken

NÄHMASCHINE

Sollten Sie noch keine Nähmaschine besitzen, habe ich folgenden Tipp: Die «alten» Maschinen sind oft die besten! Bevor Sie also eine billige neue Maschine kaufen, lassen Sie lieber eine alte Nähmaschine (z. B. aus Omas Nachlass) beim Fachhändler generalüberholen, oder fragen Sie dort nach einem gebrauchten älteren Modell. Neue, günstigere Maschinen besitzen zwar oft beeindruckend viele Stichvarianten, kommen aber schon an ihre Grenzen, wenn sie ein sauberes Stichbild liefern oder dicke Stoffe nähen sollen. Nichts ist ärgerlicher als eine Maschine, die zwar toll aussieht, der aber schon einfachste Nähte Probleme bereiten.

NAHT MIT RÜCKSTICHEN SICHERN / NAHT VERRIEGELN

Jeder Nahtanfang und jedes Nahtende sollte mit Rückstichen gesichert werden. Sie verhindern, dass die Naht wieder aufgeht. Nähen Sie zunächst ca. 0,7 cm vorwärts, dann zurück bis an den Nahtanfang, dann vorwärts bis zum Ende der Naht und zum Schluss wieder rückwärts und vorwärts. Die Fadenenden abschneiden.

An besonders beanspruchten Stellen können Sie Nähte auch mit Zickzackstichen verriegeln (s. u.).

NÄHTE VERRIEGELN

An stark beanspruchten Stellen, z. B. am Eingriff von Gesäß -oder Brusttaschen oder an Reißverschlüssen, verriegelt man die Nähte mit schmalen, dicht gesetzten Zickzackstichen, damit sie nicht ausreißen. Solche Riegel werden heutzutage oft auch als «jeanstypische» Ziernähte eingesetzt.

NAHTZUGABEN EINSCHNEIDEN ODER ZURÜCKSCHNEIDEN

Vor dem Wenden rechts auf rechts genähter Schnittteile müssen die Nahtzugaben an Rundungen und Ecken zurückgeschnitten bzw. eingeschnitten werden, damit die Kante später sauber liegt. Bei Nähten, die später von rechts abgesteppt werden, können Sie die Nahtzugabe bedenkenlos auf 2 mm zurückschneiden. Evtl. noch Textilkleber aufbringen – er verhindert das Ausfransen oder Einreißen der Naht.

RECHTE STOFFSEITE

Vorderseite eines textilen Gewebes.

REISSVERSCHLUSS EINNÄHEN

Es gibt verschiedene Methoden, einen Reißverschluss einzunähen. Für die Projekte dieses Buchs habe ich sehr einfache und manchmal auch etwas unkonventionelle Methoden gewählt, mit denen auch Nähanfängerinnen zurechtkommen. Setzen Sie zum Einsteppen von Reißverschlüssen den Reißverschlussfuß in Ihre Nähmaschine ein. Beim Steppen muss der Nähfuß einmal hochgehebelt werden, um den Schlitten daran vorbeizuziehen. Den Fuß wieder senken und weitersteppen.

SCHNITTE AUF SCHNITTMUSTERPAPIER ÜBERTRAGEN

Verwenden Sie zum Übertragen von Schnittmustern Schnittmusterpapier, Seidenpapier oder anderes halbtransparentes Papier (für kleine Motive reichen auch ein paar aneinandergeklebte Bogen Butterbrotpapier aus). Legen Sie das Papier auf das Schnittmusterteil, und pausen Sie es inklusive aller Markierungen ab.

Beschriften Sie die Schnittmusterteile mit den wichtigsten Angaben (Bezeichnung Schnittteil, Nahtzugaben, gegebenenfalls Größe, Anzahl der Zuschnitte usw.).

Schneiden Sie die Schnittmusterteile mit einer Papierschere aus.

SCHNITTMUSTER AUF STOFF ÜBERTRAGEN / STOFFZUSCHNITT

Stecken Sie die Schnittmusterteile mit Stecknadeln auf die linke Stoffseite. Achten Sie darauf, dass der eingezeichnete Fadenlauf (das ist die Webrichtung bzw. Strickrichtung bei Jerseystoff) mit dem Fadenlauf des Stoffs übereinstimmt. Gegebenenfalls die Nahtzugaben anzeichnen und das Schnittteil inklusive der Nahtzugaben ausschneiden.

Vor dem Entfernen des Schnittpapiers die Kontur- und Nahtlinien sowie alle anderen wichtigen Markierungen (Ansatzpunkte oder -linien, Position von Ösen usw.) mit Schneiderkreide oder Markierstift auf den Stoff übertragen.

STEPPEN

Nähen mit der Nähmaschine.

STEPPFUSSBREIT (AB)STEPPEN

Die rechte Kante des Nähguts verläuft an der rechten Kante des Steppfußes entlang. Das ist die einfachste Methode, gerade Steppnähte hinzubekommen.

STICHBILD / FADENSPANNUNG EINSTELLEN / NÄHPROBE

Eine korrekt eingestellte Fadenspannung ist die Voraussetzung für eine schöne Naht mit sauberem Stichbild. Alle Nähmaschinen besitzen Regler zum Justieren der Ober- und Unterfadenspannung. Ein sauberes Stichbild erhalten Sie, wenn beide so eingestellt sind, dass sich Ober- und Unterfaden genau in der Mitte des Nähguts verschlingen. Normalerweise genügt es hierzu, die Oberfadenspannung zu regulieren.

Ehe Sie mit dem Nähen beginnen, probieren Sie an einem Stoffrest aus, ob die Fadenspannung für das verwendete Garn richtig eingestellt ist.

Bei Problemen hilft auch die Gebrauchsanweisung der Maschine.

Tipps für ein perfektes Stichbild

- Verwenden Sie als Ober- und Unterfaden immer das gleiche Nähgarn – am besten von derselben Garnrolle. Nur so lässt sich die Fadenspannung perfekt einstellen.
- Verwenden Sie keine Garne aus Naturfasern wie z. B. Baumwolle oder Seide. Sie können beim Waschen eingehen und verlieren im Laufe der Zeit ihre Dehnbarkeit und Strapazierfähigkeit. Altes Nähgarn aus Omas Nachlass reißt daher manchmal schon beim Nähen.
- Verwenden Sie eine der Garnstärke entsprechende Nähnadel. Das Garn sollte leicht durch das Nadelöhr gleiten.
- Zuerst die Unterfadenspannung einstellen. Sie befindet sich an der Spulenkapsel unterhalb der Stichplatte (bitte unbedingt die Gebrauchsanweisung der Nähmaschine zu Rate ziehen!).

Grundlegende Techniken

- Anschließend die Oberfadenspannung anhand einer Nähprobe prüfen. Verwenden Sie dafür den Stoff, den Sie verarbeiten möchten, legen Sie ihn doppelt, wählen Sie den Geradstich, und stellen Sie die Stichlänge auf etwa 2,5 mm ein. Prüfen Sie, ob Ober- und Unterfaden sich genau zwischen den Stofflagen verschlingen. Korrigieren Sie die Oberfadenspannung gegebenenfalls am Spannungsregler (siehe auch Gebrauchsanweisung der Maschine).

STICKEN MIT DER NÄHMASCHINE

Motive erhalten eine sehr ansprechende und individuelle Optik, wenn die Konturen mehrfach mit etwas dickerem Garn (Ziergarn, Jeansgarn) umsteppt werden. Dabei dürfen und sollen sich die Steppnähte auch mal überkreuzen und von der Kontur abweichen. Diese bewussten Ungenauigkeiten machen den besonderen Reiz aus! Für sehr dickes Ziergarn setzt man eine stärkere Nähnadel mit größerem Nadelöhr ein und überprüft die Fadenspannung an einem Stoffrest. Eventuell muss die Oberfadenspannung etwas gelockert werden.

STOFF EINKRÄUSELN

Um einen Stoff gerüscht annähen zu können, muss man ihn mithilfe von ein bis zwei Hilfsfäden einkräuseln. Diese Einhaltefäden werden in zwei parallelen Reihen ca. 0,7 cm und 1 cm vom Rand entfernt entweder von Hand in 0,5 cm langen Stichen eingezogen oder mit der Nähmaschine gesteppt. Dafür die größte Stichlänge wählen, die Fadenspannung etwas lockern und die Fäden an beiden Seiten ca. 10 cm hängen lassen.

VERSÄUBERN

Damit der Stoff an den Nahtzugaben nicht ausfranst, sollten diese versäubert werden. Nahtzugaben, die unsichtbar zwischen zwei Stofflagen liegen, müssen nur versäubert werden, wenn der Stoff stark franst.
Versäubert wird meist mit dem Zickzackstich. Er eignet sich zum Versäubern von festen und dehnbaren Stoffen. Bei gewöhnlichen Jeansstoffen empfiehlt sich eine Stichlänge von ca. 2 mm und eine Stichbreite von ca. 5 mm (Faustregel: bei stark fransenden Stoffen: breite Stiche, kurze Stichlänge; bei wenig fransenden Stoffen: schmale Stiche, größere Stichlänge). Verwenden Sie zum Versäubern herkömmliches Nähgarn (kein Ziergarn). Beim Nähen sollte die Nadel einmal im Stoff und einmal knapp neben der Stoffkante einstechen. Wenig fransende Stoffe können auch mit der Zickzackschere zugeschnitten werden, sodass sich das Versäubern erübrigt.
Eine professionelle und saubere Alternative zum Zickzackstich ist der Overlockstich, der sich allerdings nicht an allen herkömmlichen Nähmaschinen einstellen lässt.

VERSTÄRKEN MIT VLIESEINLAGE

Vlieseinlage gibt es in unterschiedlichen Stärken. Sie wird zum Verstärken des Stoffs von links aufgebügelt (z.B. unter Knopflöcher und Ösen oder um einer Tasche Stand zu verleihen). Beim Aufbügeln die Herstellerangaben beachten.

VLIESOFIX

Dieses beidseitig aufbügelbare Klebevlies erleichtert das Applizieren enorm, denn es verhindert, dass sich Motive beim Nähen verziehen oder Falten werfen. Vliesofix von links auf den Applikationsstoff bügeln, das Motiv mit Markierstift auf den Stoff oder mit Bleistift spiegelverkehrt auf das Trägerpapier übertragen und ausschneiden. Das Trägerpapier abziehen und das Motiv auf den Grundstoff bügeln. Die Applikation mit dem gewünschten Stich aufsteppen.

WASCHEN

Neu gekaufter Jeansstoff sollte vor dem Zuschneiden gewaschen und gebügelt werden, denn wie alle Baumwollgewebe läuft er bei der ersten Wäsche mehr oder weniger stark ein. Dunkle Jeansstoffe können außerdem stark ausbluten, deshalb immer separat waschen!

WENDEÖFFNUNG

Eine Wendeöffnung ist eine kleine Lücke in der Naht, durch die das Nähgut von links nach rechts gewendet werden kann. Sie sollte so groß sein, dass das Nähgut problemlos hindurchpasst. Die Nahtenden am Anfang und am Ende mit Rückstichen sichern. Nach dem Wenden wird die Öffnung entweder knappkantig mit der Maschine oder, wenn die Naht unsichtbar bleiben soll, von Hand geschlossen (z.B. mit dem Matratzenstich).

WICHTIGE STICHE

Steppstich oder Geradstich:
Dies ist die wichtigste Stichart einer Nähmaschine. Außer zum Versäubern der Nahtzugaben können alle Nähte mit Geradstich gesteppt werden. Die Stichlänge für normale Nähte auf ca. 2,5–3 mm einstellen.
Zickzackstich:
Dient hauptsächlich zum Versäubern von Nahtzugaben. Breite und Länge lassen sich beliebig einstellen. Ein schmaler Zickzackstich ist bei normaler Stichlänge (ca. 2 mm) leicht dehnbar und kann zum Steppen dehnbarer Stoffe (z.B. Jersey) eingesetzt werden.

ZIERGARN

Im Fachhandel gibt es extra starke Ziergarne (u.a. Jeansgarn) in verschiedenen Qualitäten, Stärken und Farben. Sie sind reiß- und scheuerfest und daher für stark strapazierte Nähte geeignet. Verwendet man Ziergarn sowohl als Ober- als auch als Unterfaden, muss die Fadenspannungen sehr sorgfältig justiert werden. Leider zieht der Unterfaden dennoch häufig Schlaufen …
Daher empfehle ich für die Projekte in diesem Buch als Unterfaden immer herkömmliches Nähgarn aus Polyester. Ziergarn sollte allenfalls als Oberfaden bei sichtbaren Nähten verwendet werden. Auch hier ist eine Nähprobe unbedingt anzuraten.
Wenn der Oberfaden spannt, sollte eine spezielle Nadel für dickeres Garn mit größerem Nadelöhr eingewechselt werden.
Falls Ihre Nähmaschine über einen Dreifachsteppstich verfügt, können Sie dickere Nähte auch mit herkömmlichem Nähgarn steppen. Die Stichlänge auf 3,5–4 mm einstellen.

Grundlegende Techniken

170

JEANS

EINE LEGENDE, DIE ZUM KULTURGUT WURDE.

Als Erfinder der Jeans gilt der gebürtige Franke Levi Strauss. Er war im Zuge des Goldrauschs nach San Francisco gereist, mit dem Vorhaben, den Goldgräbern äußerst robuste Hosen zu verkaufen. Zusammen mit seinem Geschäftspartner Jacob Davis entwickelte er die Idee, die strapaziertesten Stellen der Hosennähte mit Nieten zu verstärken. 1873 meldeten sie hierfür ein Patent an, dies war der Beginn der Erfolgsgeschichte der Bluejeans. Die vernieteten Waist Overalls verkauften sich erfolgreich und wurden zur «Uniform der Goldgräber». Die Jeans wurde als eine Art Schutzhose über der eigentlichen Hose getragen. Noch heute findet man in den verlassenen Goldminen im Westen der USA «Jeans der ersten Stunde», die durch die trockene Luft in einem verblüffend guten Zustand sind. Die älteste Jeans der Welt ist über 140 Jahre alt und hat einen Wert von ca. 150 000 Dollar. Schnell erkannten auch die Cowboys und Farmer die Vorzüge der «501», und die beispiellose Karriere der «Five Pocket» nahm ihren Lauf. Ende der 1920er-Jahre witterten viele Farmer ein Geschäft: Vornehme Ostküstler, die auch mal Cowboy sein wollten, verbrachten ihre Freizeit in Jeans auf den sogenannten «Dude Ranches» (*dude* = ein Mann, der Cowboy spielt, *dudine* = eine Frau, die Cowboy spielt). Für die Großstädterinnen, die das «Cowboyspielen» oft als Befreiung von den noch sehr strengen Normen empfanden, wurde 1934 eigens die «Lady Levi's» entwickelt – sie war vorgewaschen und hatte einen schmaleren Schnitt.

In den 1950er-Jahren wurde die Jeans als Hose für die ganze Familie gesellschaftsfähig, und 1953 machte Marlon Brando die Jeans zum Kult. Im Kinofilm «The Wild One» verkörperte er in Jeans und cooler Lederjacke den charismatischen Anführer einer Jugendgang und definierte das Lebensgefühl, für das Denim noch heute steht – ein bisschen wild und rebellisch sein, das Leben lieben und Spaß haben.

Erst in den 1970er-Jahren war es Frauen erlaubt, Jeans in der Öffentlichkeit zu tragen. In den nachfolgenden Jahrzehnten zeigte sich die Jeans in verschiedenen Facetten – ob als Schlaghose, als Karottenjeans, als Hüftjeans oder als Röhre. Der Jeansstil entwickelte sich zu einem eigenen, modisch vielfältigen Bekleidungsstil, der vor allem von jungen Leuten begeistert als Alternative zur konventionellen Mode angenommen wurde.

Als in den 1980er-Jahren sogar die Banker begannen, Jeans zur Arbeit zu tragen, war es nicht mehr weit bis zur Designerjeans der 1990er-Jahre. Die Methoden zur Waschung und Oberflächenbehandlung wurden seither auf vielfache Weise weiterentwickelt. Heute wird der Stoff durch spezielle Behandlungen weicher gemacht und lässt sich vielfältig verarbeiten. Unterschiedlichste Qualitäten, vom klassischen Denim über dehnbare Ware oder federleichte Stoffe bis hin zum Sweatshirtstoff, ermöglichen den Einsatz in fast allen Bereichen der Mode und bei fast allen Heimtextilien.

Momentan erlebt der blaue Stoff, der nie aus der Mode war, einen wahren Boom. Vom lässig gesteppten Minirock über das seriöse Kostüm, vom Anzug bis zum Abendkleid – es gibt kaum einen Designer, der dieses Jahr keinen Denim auf den Laufsteg gebracht hat.

JEANS + DENIM

Jeans und Denim unterscheiden sich nur in der Herkunft des Rohmaterials. Jeans ist die amerikanische Bezeichnung für «Blue Gene» oder «Genois», also blaues Genueser Gewebe. Als «Genoese» bezeichnete man Seemannshosen aus Baumwolle mit einem einfachen Schnitt aus der Gegend um die italienische Stadt Genua. Die Hafenarbeiter formten «Genoese» dann zu «Blue Jeans» um. Denim ist die amerikanische Kurzform für «Serge de Nîmes». Levi Strauss bestellte die indigoblaue Köperware von einer Textilfirma in Nîmes zur Herstellung von robuster Arbeitsbekleidung für Goldgräber. «Serge» leitet sich aus der französischen Bezeichnung für 3- oder 4-bindigen Kettköper ab. Um den französischen Herkunftsort hervorzuheben, entstand die Bezeichnung «Serge de Nîmes». Diese Bezeichnung wurde von den Amerikanern allerdings schnell in «Denim» umgewandelt.

Die ersten Jeans wurden aus Canvas genäht und hatten eine beige bzw. braune Farbe. Heute wird das Jeansgewebe aus langstapeliger Baumwolle gewoben. Um einen bequemeren Sitz von Kleidungsstücken aus Jeans zu erreichen, wird zusätzlich Elasthan verwendet.

Echter Denim besteht jedoch zu 100 Prozent aus extrem fester und dichter Baumwolle. Helle, naturfarbene Fäden werden mit blauen Fäden so verwebt, dass eine diagonale, fein gestreifte Stoffstruktur entsteht. Auf der Oberseite erscheint das Gewebe überwiegend blau, auf der Unterseite eher hell. Der für den Jeansstoff typische Diagonalgrat entsteht durch die Köperbindung. Meist handelt es sich um Sergebindung (3-bindiger Kett- oder Schussköper) oder Twillbindung (4- oder 6-bindiger Gleichgratköper).

Heutzutage gibt es außer dem rustikalen Original viele andere Varianten: Ob gemustert, bedruckt, mit Viskose oder Polyester gemischt oder stretchig mit Elasthananteil, man findet für jeden Zweck den geeigneten Jeansstoff!

Quellen: https://www.stoffe.de/jeansstoffe.html
Artikel in der Brigitte 09/2014, «Das ewige Blau», Seite 40 + 41

172

DANKESCHÖN
EIN RIESIGES DANKESCHÖN AN MEIN TOLLES, «ALTBEWÄHRTES TEAM» …

TOBIAS, TIM & LILJA – danke, dass ihr meine Buchprojekte immer unterstützt, mir so gute Kritiker seid und dass ihr Kinder wieder so motiviert bei den Fotoshootings mitgemacht habt.

KATRI, RAINER, LEA, MIA, LASSE, KALLE & SILAS – danke, dass wir wieder bei euch in Finnland fotografieren und eure Bude auf den Kopf stellen durften und dass ihr alle bei den Fotoshootings mit so viel Spaß dabei wart.

LEA – danke für deine Idee mit den Jeansfliegen auf Seite 138 und dass du sie für mich genäht hast.

MIA – danke für deine vielen genähten Schlüsselanhänger auf Seite 28 und dass ich deine Idee für dieses Buch verwenden durfte.

JUSSI – danke, dass du dich so spontan für die Krawattenfotos in Helsinki zur Verfügung gestellt hast.

ANKE – danke, dass du mir meine Bekleidungsschnitte korrigiert und gradiert hast.

MARJO – danke, dass das Arbeiten mit dir so inspirierend, kreativ und lustig ist und dass du so tolle Fotos machst.

HEIDI MÜLLER vom Haupt Verlag – danke, dass du auch mein drittes Buchprojekt für den Haupt Verlag so kompetent und herzlich betreut hast.

DANIELA VACAS vom Haupt Verlag – danke, dass das Layout so toll geworden ist.

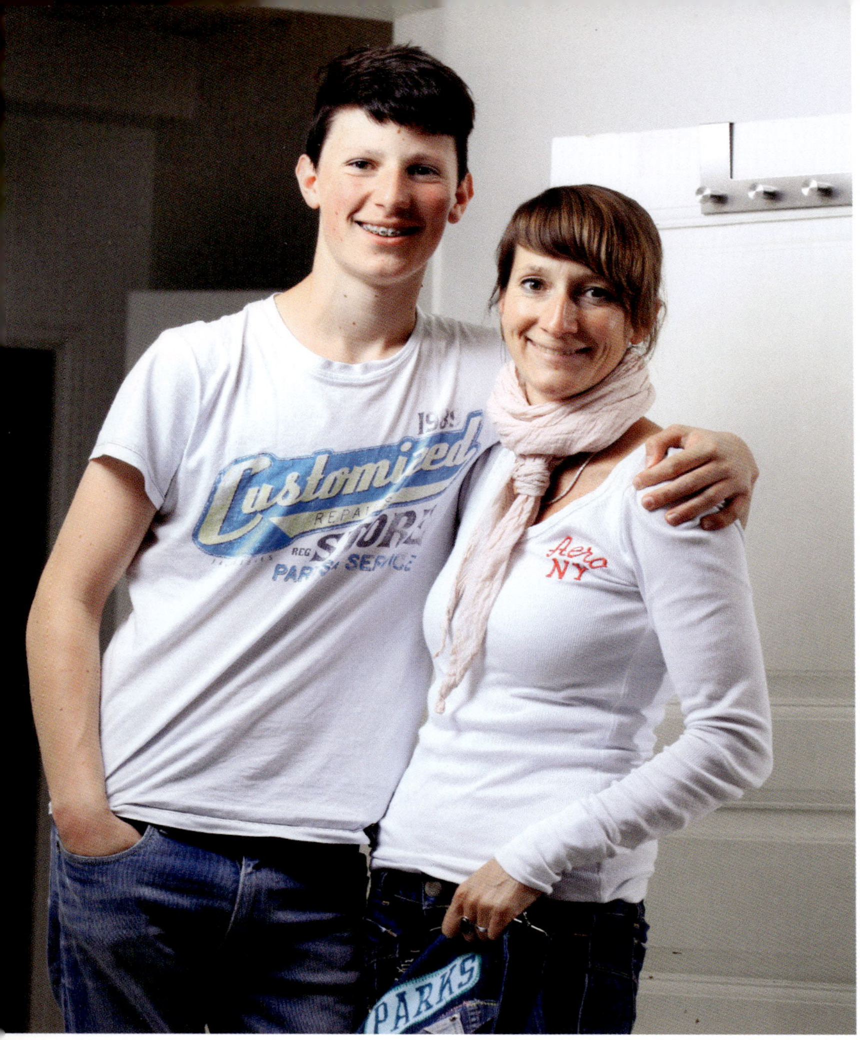
Customized
PARTS & SERVICE
Aero NY
PARKS

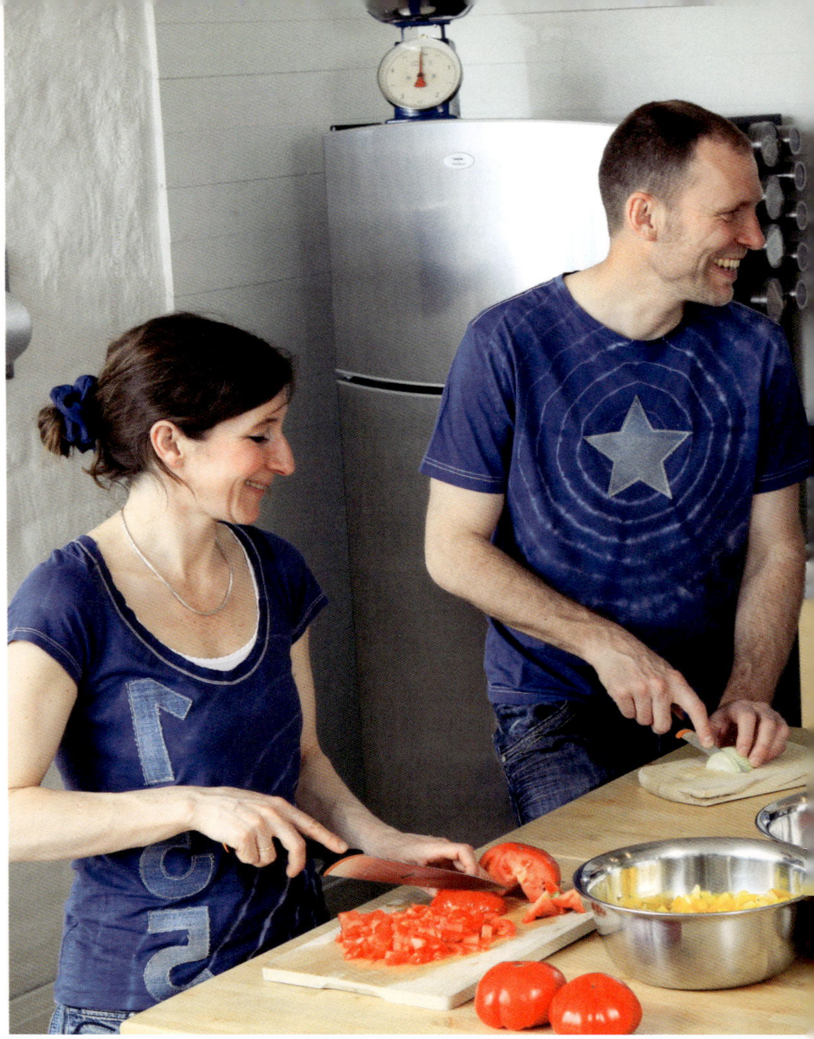

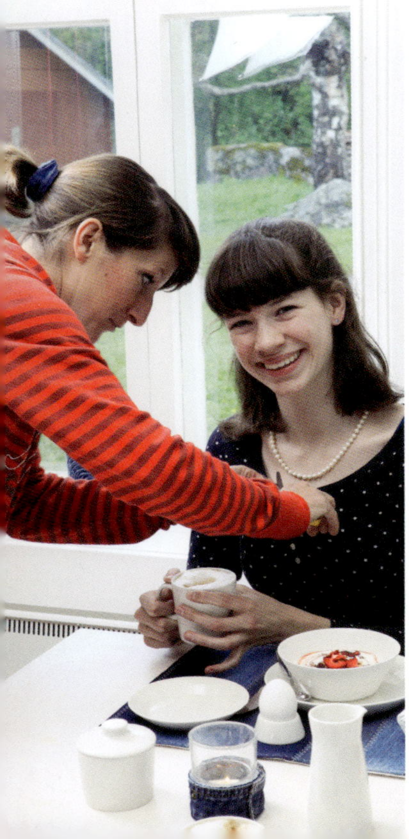

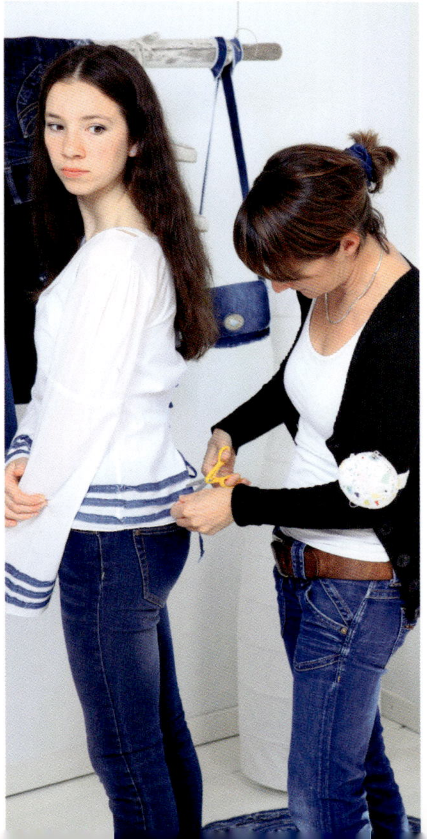

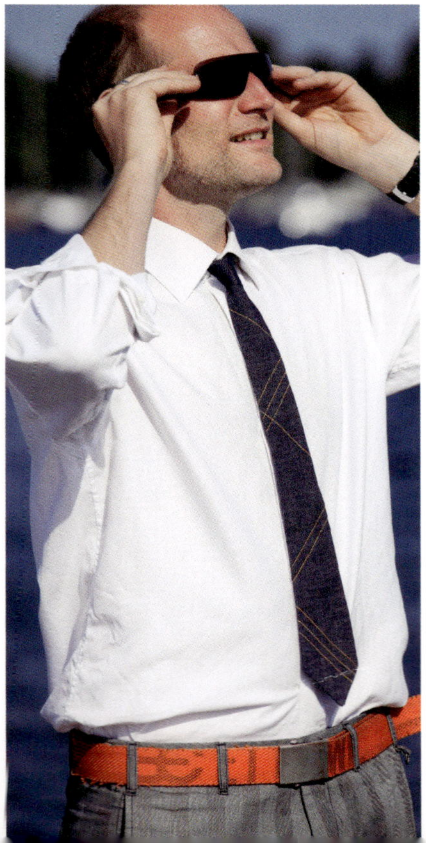

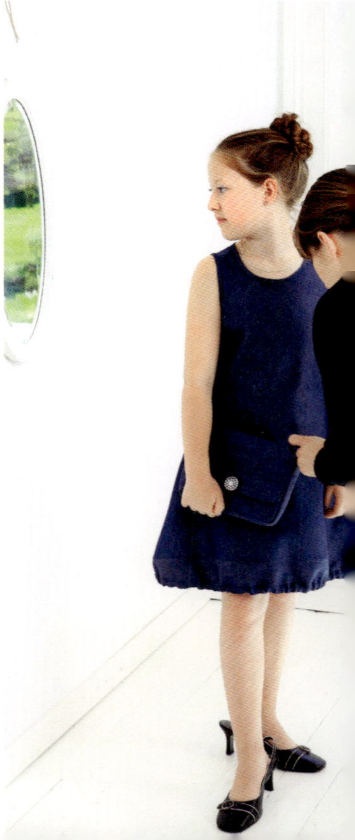

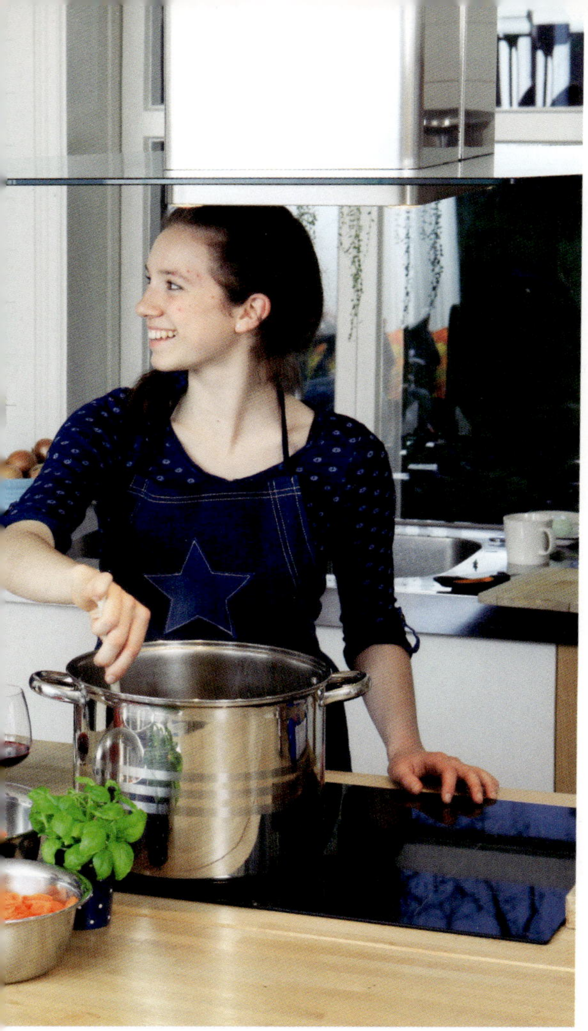

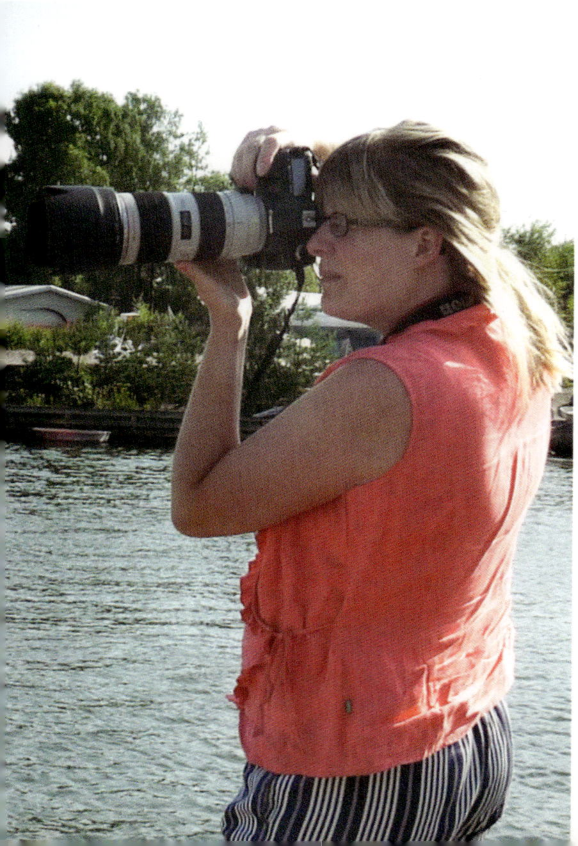

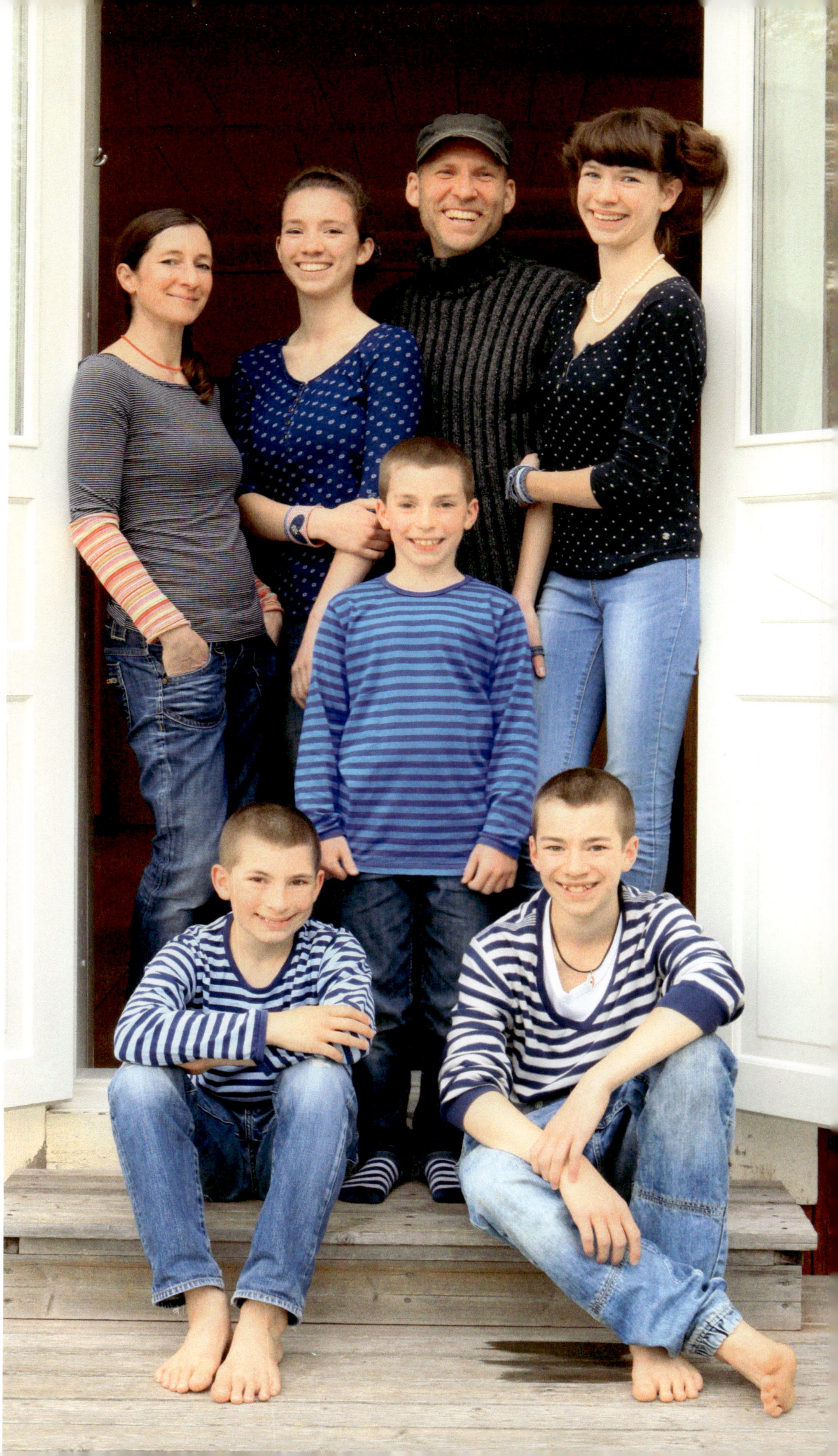